旅游度假区开发宝典

七大类型旅游度假区的百种产品开发与选择

余源鹏　主编

化学工业出版社

·北京·

内 容 提 要

本书介绍了不同类型旅游度假区的产品开发方向，并对不同类型旅游度假区的开发条件、开发思路、规划布局要点以及旅游度假区的投资运营等要点进行阐述。本书共包括六章，具体内容有山地型旅游度假区开发、乡村田园型旅游度假区开发、滨海型旅游度假区开发、湖泊型旅游度假区开发、其他常见类型旅游度假区开发、旅游度假区投资运营与营销推广。

本书是旅游度假区开发经营的相关从业人士的参考书籍，特别适合旅游度假区项目投资开发公司董事长、总经理、副总经理、总监、项目经理等高层管理人士，涉及旅游度假区策划、经营、物业、投资、开发、招商、销售、人事、行政、财务等部门的经理、主管和从业人士参考阅读。

图书在版编目（CIP）数据

旅游度假区开发宝典：七大类型旅游度假区的百种产品开发与选择/余源鹏主编．—北京：化学工业出版社，2020.5
ISBN 978-7-122-36516-3

Ⅰ.①旅⋯ Ⅱ.①余⋯ Ⅲ.①旅游区-旅游资源开发-研究 Ⅳ.①F590.31

中国版本图书馆CIP数据核字（2020）第056123号

责任编辑：徐 娟　　　　　　　　　　　装帧设计：王晓宇
责任校对：赵懿桐

出版发行：化学工业出版社（北京市东城区青年湖南街13号　邮政编码100011）
印　　刷：三河市航远印刷有限公司
装　　订：三河市宇新装订厂
787mm×1092mm　1/16　印张13　字数217千字　2020年7月北京第1版第1次印刷

购书咨询：010-64518888　　　　　　　　售后服务：010-64518899
网　　址：http://www.cip.com.cn
凡购买本书，如有缺损质量问题，本社销售中心负责调换。

定　　价：68.00元　　　　　　　　　　　　　　　　　　　版权所有　违者必究

前言
Preface

旅游度假区开发是指对具备良好旅游度假资源的环境，如以山地森林、乡村田园风光、海洋沙滩、江河湖泊、温泉等自然资源以及人文建筑、传统聚落等人文资源为依托的区域，进行休闲娱乐、生态观光、康体疗养、运动健身、商务接待、住宿餐饮等相关旅游产品的开发，以满足游客休闲度假、生态养生度假、商务度假以及养老度假等的需求。

随着人们消费水平的提高以及从传统观光旅游到休闲度假旅游的改变，旅游度假区以其良好的自然生态环境、深厚的历史文化底蕴、丰富的旅游度假产品吸引越来越多的游客。但由于旅游度假区的开发类型多、开发规模大、开发运营周期长、开发主体复杂，旅游度假区的开发难度大，为了让读者更全面深入了解旅游度假区的开发要点，我们特别策划编写了本书。本书根据旅游度假区所依托的旅游资源的差异性，将旅游度假区划分为山地型旅游度假区、乡村田园型旅游度假区、滨海型旅游度假区、湖泊型旅游度假区、温泉型旅游度假区、滨江型旅游度假区以及文化型旅游度假区等类型，并对如何成功开发这些不同类型旅游度假区的要点分别进行阐述。

本书共分六章，重点讲述了不同类型旅游度假区的产品开发方向，并对不同类型旅游度假区的开发条件、开发思路、规划布局要点以及旅游度假区的投资运营等要点进行阐述，这六章包括以下内容。

第一章，山地型旅游度假区开发。主要讲述山地型旅游度假区的开发条件与开发难点；用地规划与空间布局要点；山居度假物业、山地户外运动产品、山地康体养生产品、山地文化体验产品、山地生态观光产品、山地娱乐休闲产品、商务与商业配套设施等旅游度假产品的开发要点。

第二章，乡村田园型旅游度假区开发。主要讲述乡村田园型旅游度假区的开发条件与开发模式；特色定位与规划布局要点；乡居度假物业、生态农业观光与体验产品、乡土风情文化体验产品、乡村运动娱乐休闲产品等旅游度假产品的开发要点。

第三章，滨海型旅游度假区开发。主要讲述滨海型旅游度假区的开发条件；总体开发思路与规划布局要点；滨海度假物业、沙滩与海上运动娱乐产品、海洋文化体验产品、滨海休闲养生产品、滨海观光游憩产品等旅游度假产品的开发要点。

第四章，湖泊型旅游度假区开发。主要讲述湖泊型旅游度假区的开发条件；总体开发思路与规划布局要点；滨湖度假物业、滨湖生态养生与运动休闲产品、湿地娱乐与观光科普产品等旅游度假产品的开发要点。

第五章，其他常见类型旅游度假区开发。主要讲述温泉型旅游度假区、滨江型旅游度假区、文化型旅游度假区的开发条件、开发思路以及产品开发方向等内容。

第六章，旅游度假区投资运营与营销推广。主要讲述旅游度假区的开发步骤与经营管理模式；投资收益分析；营销推广等内容。

本书的编写具有以下特点。

第一，实操性。本书的编写人员来自多年从事不同类型旅游度假区开发的一线专家，实操经验丰富，力求通过全面实用的理论和众多成功的案例，使读者可以在最短的时间内吸收前人的实操经验，掌握旅游度假区开发的相关知识要点。

第二，全面性。本书的全面性体现在以下三个方面：一是本书所讲的旅游度假区的类型全面，包括山地型旅游度假区、乡村田园型旅游度假区、滨海型旅游度假区、湖泊型旅游度假区、温泉型旅游度假区、滨江型旅游度假区以及文化型旅游度假区等；二是本书选取的案例来自全国各地多个城市成功开发的典型旅游度假区项目；三是本书重点讲述了不同类型旅游度假区的产品开发要点，同时也对旅游度假区的后期营销推广与经营管理要点进行说明，内容全面。

第三，案例性。为了让读者更好地理解不同类型旅游度假区的开发要点，本书在讲述每个要点时都结合相应的具体案例进行说明。

第四，简明易懂性。简明到位地阐述问题既有助于读者理解该知识点，又可以节省读者的时间和精力。本书正是出于这一方面的考虑，在语言表达上尽量做到通俗易懂，即使是刚进入这个行业的人员也能充分理解编者想表达的意思，从而更好地理解旅游度假区成功开发的要点并运用到实践中去。

第五，工具性。本书按照旅游度假区的类型分章编写，并引用了相应的成功开发的典型案例。读者在工作中遇到问题时，可以直接在书中对应章节找到相应的内容进行参考借鉴。

本书是旅游度假区开发经营的相关从业人士的参考书籍，特别适合旅游度假区项目投资开发公司董事长、总经理、副总经理、总监、项目经理等高层管理人士，涉及旅游度假区策划、经营、物业、投资、开发、招商、销售、人事、行政、财务等部门的经理、主管和从业人士参考阅读。

本书也非常适合商业经营管理公司、运营商、咨询顾问公司、策划招商代理公司、物业管理公司相关领导及从业人士阅读。

同时，本书还十分适合参与旅游度假区工程建设的设计单位、监理单位、施工单位、建材和设备提供单位、招标单位、装修单位以及建设、规划、国土、质检、安检、市政、供水、供电、供气、供暖、环卫、消防等与旅游度假区项目开发有密切联系的企业和单位的相关从业人士阅读。

另外，本书还可作为房地产相关专业的教学用书，或者作为房地产公司新进员工的培训手册和工作指导书。

本书编写过程中，得到了广州市智南投资咨询有限公司相关同仁以及业内部分专业人士的支持和帮助，才能及时与读者见面。本书由余源鹏主编，陈秀玲参与编写。有关旅游开发和房地产其他相关实操性知识，请读者们参阅我们编写出版的书籍，也请广大读者对我们的书籍提出宝贵建议和指正意见，对此，编者将十分感激。

编者

2020年1月

目录 Contents

第一章　山地型旅游度假区开发　001

第一节　山地型旅游度假区开发条件与开发难点　002
- 一、开发条件　002
- 二、开发常见问题与解决思路　007

第二节　山地型旅游度假区用地规划与空间布局要点　016
- 一、用地类型与用地规划　016
- 二、空间布局要点　018

第三节　山地型旅游度假区产品开发方向　022
- 一、产品开发原则　023
- 二、山居度假物业　023
- 三、山地户外运动产品　029
- 四、山地康体养生产品　032
- 五、山地文化体验产品　034
- 六、山地生态观光产品　036
- 七、山地娱乐休闲产品　038
- 八、商务与商业配套设施　039
- 九、旅游线路类型　041

第二章　乡村田园型旅游度假区开发　043

第一节　乡村田园型旅游度假区开发条件与开发模式　044
- 一、开发条件　044
- 二、开发模式　047

第二节　乡村田园型旅游度假区特色定位与规划布局要点············053
一、特色定位··········053
二、规划布局要点··········058
第三节　乡村田园型旅游度假区产品开发方向··········064
一、乡居度假物业··········064
二、生态农业观光与体验产品··········070
三、乡土风情文化体验产品··········072
四、乡村运动娱乐休闲产品··········074
五、其他配套设施··········075

第三章　滨海型旅游度假区开发　　**078**
第一节　滨海型旅游度假区开发条件··········079
第二节　滨海型旅游度假区总体开发思路与规划布局要点··········082
一、总体开发思路··········082
二、规划布局要点··········087
第三节　滨海型旅游度假区产品开发方向··········089
一、滨海度假物业··········090
二、沙滩与海上运动娱乐产品··········093
三、海洋文化体验产品··········095
四、滨海休闲养生产品··········097
五、滨海观光游憩产品··········099
六、商务科研产品··········100

第四章　湖泊型旅游度假区开发　　**102**
第一节　湖泊型旅游度假区开发条件··········103
第二节　湖泊型旅游度假区总体开发思路与规划布局要点··········108

一、总体开发思路 ·· 108
　　　二、规划布局要点 ·· 117
　第三节　湖泊型旅游度假区产品开发方向 ··· 125
　　　一、滨湖度假物业 ·· 125
　　　二、滨湖生态养生与运动休闲产品 ··· 129
　　　三、湿地娱乐与观光科普产品 ··· 132

第五章　其他常见类型旅游度假区开发 ··············· 134

　第一节　温泉型旅游度假区开发 ··· 135
　　　一、温泉型旅游度假区开发条件与开发思路 ······························· 135
　　　二、温泉型旅游度假区产品开发方向 ·· 137
　第二节　滨江型旅游度假区开发 ··· 143
　　　一、滨江型旅游度假区开发条件与开发思路 ······························· 143
　　　二、滨江型旅游度假区产品开发方向 ·· 147
　第三节　文化型旅游度假区开发 ··· 152
　　　一、文化型旅游度假区开发条件与开发思路 ······························· 152
　　　二、文化型旅游度假区产品开发方向 ·· 157

第六章　旅游度假区投资运营与营销推广 ··············· 161

　第一节　旅游度假区开发步骤与经营管理模式 ································· 162
　第二节　旅游度假区投资收益分析 ·· 171
　　　一、旅游度假区游客规模预测方法 ·· 172
　　　二、旅游度假区盈利模式与收益分析 ·· 176
　　　三、旅游度假区开发效益与风险 ·· 179
　第三节　旅游度假区营销推广 ··· 182
　　　一、总体营销策略与招商计划 ·· 183
　　　二、具体营销策略 ·· 190

第一章

山地型旅游度假区开发

第一节 山地型旅游度假区开发条件与开发难点

第二节 山地型旅游度假区用地规划与空间布局要点

第三节 山地型旅游度假区产品开发方向

旅游度假区开发是指对具备良好旅游度假资源环境，如以山地森林、乡村田园风光、海洋沙滩、江河湖泊、温泉等自然资源以及人文建筑、传统聚落等人文资源为依托的区域，进行休闲娱乐、生态观光、康体疗养、运动健身、商务接待、住宿餐饮等相关旅游产品的开发，以满足游客休闲度假、生态养生度假、商务度假以及养老度假等的需求。

本书根据旅游度假区所依托的旅游度假资源的差异性，将旅游度假区划分为山地型旅游度假区、乡村田园型旅游度假区、滨海型旅游度假区、湖泊型旅游度假区、温泉型旅游度假区、滨江型旅游度假区以及人文建筑型旅游度假区等类型，并对如何成功开发这些不同类型旅游度假区分别进行阐述。本章对山地型旅游度假区开发的要点进行说明。

山地型旅游度假区开发是指依托山地独特的地貌景观、森林生态系统、动植物资源、山水风光、冰雪等自然资源，以及大山所特有的山地文化、传说典故、宗教寺庙等历史人文景观，而进行的户外运动休闲、康体养生、山地生态观光以及山居物业等山地特色旅游产品的开发。本章结合具体的案例对山地型旅游度假区开发的前提条件、山地型旅游度假区开发的常见问题与解决思路、山地型旅游度假区的用地规划与空间布局、山地型旅游度假区产品开发方向等内容进行阐述。

第一节
山地型旅游度假区开发条件与开发难点

一、开发条件

对于山地型旅游度假区项目，其成功开发离不开良好的山地旅游资源条件、较为便捷的交通和区位条件、相对成熟的户外运动与休闲度假市场以及山区发展的政策支持等条件。

1. 山地旅游资源条件

具有丰富的山地旅游资源是山地型旅游度假区成功开发最重要的前提条件之一，具体包括以下几个方面。

（1）奇特的山地地貌景观

包括山势造型、岩石土壤等独特性和地域特色。

（2）丰富的森林动植物资源

较高的森林覆盖率，具有丰富的森林植物和野生动物，具备生态多样性。

（3）深厚的历史人文底蕴

拥有佛教、道教等宗教与祭祀活动场所，如寺庙、宫、殿等。

（4）优良的气候资源

比如适合夏天避暑、冬天赏雪的气候条件。

以下为某山地型旅游度假区的山地旅游资源条件。

（1）××山概况

××山位于重庆市渝北区东南部××镇，主峰海拔700m。构造上属铜锣峡背斜过境地带，地貌呈垄岗状，山体雄厚，长岭岗、馒头山错落岭谷间。出露岩石大部分为侏罗系砂岩，呈现紫红色，色泽红艳，似夕阳辉映下的彩霞，构成了渝北地貌的特色。

山势雄伟、临危险峻、造型生动、惟妙惟肖，以"雄、奇、险、峻、秀"而著称。

（2）土壤和气候

土壤基岩主要有暗紫色砂岩、泥岩、灰色砂岩。土壤类型为紫色土和黄壤两大类。

位于四川盆地中亚热带湿润气候区，大陆性季风气候明显。年平均气温17℃，年极端最高气温39.8℃，最低-2.6℃；多年平均降水量为1099.8mm，多集中在夏季，冬季降水量最少，夏季多雨且分布不均，常年降水有62%在夜间；日照以8月份最充足，故晴天多在8月份，阴天最多在12月份。

（3）动植物资源

××山森林公园是目前重庆近郊覆盖面积最大、植被最好的森林公园之一。森林植物共有97科219属326种。野生动物资源丰富，主要有水獭、黄鼬、西狐、黄鹿、白猪獾、狸、野兔等。

（4）人文景观

山上尚存清光绪年间用条石修砌的3000m的古长城、古城门（天城寨）和历史悠久的××寺、××洞等人文景观。

（5）项目用地概况

项目位于××山镇东部，用地范围囊括了原×土村、××社区和部分玉×村的用地，东临龙×镇，西至×兴街道，南与××坪森林公园毗邻，北连石×镇。用地形状南北狭长，南北长约10km，东西宽约2km，总面积约20.88km^2。

项目内主要为丘陵和山地，海拔高度在450～800m之间，相对高差350m，山势较陡。该地区由强烈的地壳运动形成，地形起伏较大，自然坡度在20%以下的用地约5.9km^2，约占总用地的28%；自然坡度在20%～35%间的用地约2.5km^2，约占总用地的12%；自然坡度大于35%的用地约12.4km^2，约占总用地的59%。

项目用地范围内坡度较缓（小于35%）的土地被山体分隔为5个相对独立的部分，其中规模较大的用地主要集中在基地的北侧。

2. 交通和区位条件

山地型旅游度假区一般位于城郊结合部，具有明显的道路交通优势，有多种交通工具可到达，可及性高。项目所在区域经济发展较为迅速，是政府规划的旅游经济发展的重点区域。

以下为某山地型旅游度假区的交通和区位条件。

（1）交通

项目的交通优势日趋凸显。

① 项目距重庆市渝北区区政府及重庆江北国际机场17km，距重庆市政府及重庆市中心区25km。

② 西临渝邻高速，东临渝长高速，南临渝宜高速，319国道、环城高速公路沿项目北侧贯穿而过，道路交通优势明显。

③ 紧靠长江寸滩深水港码头，水路交通极为便利。

④ 重庆市火车站距××山地区仅15km。

（2）区位

重庆郊区化旅游现象日益明显，逐步从都市区旅游向近郊区旅游发展。

××山位于近郊1h经济圈内，与主城"零距离"交通，是重庆市郊的"天然氧吧"，南部的××山森林公园是目前重庆近郊覆盖面积最大、植被最好的森林公园之一。

生态自然景观资源丰富，兼具资源和交通优势，是重庆近郊最具资源和潜力的养生、度假胜地。

（3）经济

项目所在的北部片区是重庆市发展最早，同时也是政府重点发展的区域。北部片区以发展高新技术产业为主，区域内集中了大量的高新技术产业人群和中高收入的固定人口，该部分人群对休闲旅游需求旺盛，为开发旅游项目提供了良好的机会。

××山所处的渝北区是重庆城市功能和产业"北拓"的主要承载地。项目南面是海×工业园区，西面是××路工业园区，西南与××农业园区相邻，北与×港工业园区相距不足3km，必将快速地接受周边高新技术产业、装备制造业、空港经济产业和商贸物流产业集中发展的辐射带动。

3.成熟的户外运动与休闲度假市场

山地型旅游度假区的旅游资源可以满足游客户外运动、休闲度假等的需求。相对成熟的户外运动与休闲度假市场为项目带来一定的客流量。

以下为某山地型旅游度假区的户外运动与休闲度假市场开发设计思路。

（1）户外运动市场

从20世纪90年代末开始，户外运动在我国的北京、广州、昆明、上海等地悄然兴起，电视、杂志、报纸和互联网等媒体给予了强力报道，使得户外运动迅速成为一种社会时尚，这种时尚很快发展到国内其他大城市。国内户外运动的主力军是20～40岁的都市白领和青年学生。

（2）休闲度假市场

休闲度假迎来前所未有的发展机遇。政府将旅游从单纯的经济功能扩展到人民生活质量的提高，将旅游质量作为构建和谐社会、实现小康生活的重要标志。

休闲度假已经形成规模需求。近几年，我国城镇居民和农村居民旅游度假比例都有所上升。随着××市经济的不断发展、私人轿车的普及，主城区已进入周末中短途旅游的黄金时期。每年约有40%以上的市民前往郊外观光休闲与度假娱乐。

4.山区发展的政策支持

政府对当地山区旅游发展的大力支持，制定相关的旅游发展规划。

以下为某山地型旅游度假区开发的政策支持。

（1）全市区域发展战略

"一圈两翼"的区域发展新格局。"一圈"内要率先实现城乡基础设施一体化、城乡产业发展一体化、城乡基本公共服务一体化、城乡社会保障一体化、城乡户籍管理一体化。

① 统筹城乡劳动就业，大力推动农村富余劳动力转移。

② 统筹进城务工经商农民向城镇居民转化，大力加强农民工就业安居扶持工作。

③ 统筹城乡基本公共服务，逐步提高农民社会保障水平。

④ 统筹国民收入分配，大力加强对"三农"发展的支持。

⑤ 统筹城乡发展规划，大力推进生产力合理布局和区域协调发展。

⑥ 统筹新农村建设，大力促进现代农业发展和农村基础设施改善。

⑦ 统筹城镇体系建设，大力打造城镇群。

（2）××山镇产业发展规划

① "一心、二带、四园"的空间结构。"一心"是××山城市森林旅游度假中心，即××山镇××村地区；"二带"为森林游憩景观带、旅游度假休闲带；"四园"是指休闲公园、"夕阳红"老年乐园、生态农业博览园和××山森林公园。

② 规划衔接。从空间布局上将"四园"中所涉及的有氧运动、山地健身、拓展训练、休闲运动、滨水游憩、休闲度假、温泉养生、康体健身、球类运动、景观住宅、特色疗养住宿、森林度假疗养、乡村怀旧、田园观光、绿色农业观光等相关功能予以落实。

（3）××山森林公园旅游总体规划

① 规划结构

a.一条主线——北至×土村，南接××坪、××沱，贯穿森林公园的景区主干公路。

b.三个中心——山上两个中心：玉×湖、枫×湖；山下一个中心：××温泉。

c.六个景区——××山寻幽访古观光区、××坪植物景观游览区、××潭会议培训区、枫×湖美食、旅游商品展销区、××温泉休闲度假区、旅游产业发展区。

② 规划衔接。差异化发展，在保留原寻幽访古观光、植物景观游览项目的基础上，形成对客源有所选择的高端型旅游项目，避免同区域旅游产品对同类客源的争夺。

增加生态休闲度假社区的概念，有半私密、半开放的性质，主要面对高端客源且客源群体相对稳定，对××山旅游产品差异化发展和提升旅游产品的整体素质具有重要的意义。

二、开发常见问题与解决思路

山地型旅游度假区在开发过程中常见的问题主要包括：山村人口安置、市政基础设施不完善、山体植被破坏与环境污染、道路交通落后等。下面将结合具体的案例对上述这些问题的解决思路进行阐述。

1. 山村人口安置问题及其解决思路

根据项目目前居民点的分布情况，可采取发展型、搬迁型、控制型等方式进行安置，并将农村劳动力服务于旅游服务业及农产品或相关旅游产品加工等企业，解决农村劳动力就业问题并提高村民的经济收入，同时，也促进地方经济的增长。

以下为某山地型旅游度假区开发的山村人口安置问题的解决思路。

（1）村庄调控

① 现状分析。农村居民点整体布局较为分散，北部××国道沿线和东南部地区居民点规模相对较大。

② 居民点调控规划。分发展型、搬迁型和控制型。

a.发展型——××国道沿线和主题公园范围内的居民点（主题公园内居民点融入景区发展）。

b.搬迁型——现状人口较少、远离旅游度假区主要道路或旅游开发项目的村庄。

c.控制型——旅游开发范围以外的农村居民点。

居民未来就业以旅游服务、花卉种植、林业和少量农业为主，向现代旅游服务、现代种植和林业领域发展。结合项目特征，规划设置集中的村民安置区，位于××社区居住组团，面积 $0.23km^2$，约占总用地的1.1%。旧村安置人口约5000人，规划村民安置建筑面积15万平方米。

（2）人口调控

① 现状分析。项目内玉×村和×土村现有18～55岁劳动力2880人。

② 劳动力转移。本度假区预测固定岗位的旅游服务业就业人口约3000人，可将目前两村所有农村劳动力安置在其中从事生产活动。

③ 农村劳动力

a.旅游服务业。包括景区酒店餐饮、旅游客运交通、娱乐业、旅游购物、球类运动、夕阳红托养企业、园艺、物业管理、房地产等。

b.第二产业。包括主题公园内的旅游产品作坊以及其他农产品及旅游产品深加工的企业。

c.公共服务业。包括邮电、通信、信息、医疗、卫生、交通等。

（3）经济发展引导方向

① 通过资源合理化利用，发挥地区的最大效益。

② 延长农业产业链，带动观光农业和生态农业的发展，增加农产品附加值，使传统农业向观光农业、生态农业方向转型。

③ 以旅游度假为核心产业，积极推动其他各类关联产业的发展。

④ 追求环境与经济发展的双赢，使环境保护与发展地方经济、提高居民生活水平相得益彰，形成经济持续发展、环境品质不断提高的良性循环，实现统筹城乡综合配套改革。

⑤ 将旅游资源优势转化为现实的经济优势，促进当地农民利用现有资源融入旅游度假的整体项目开发中，实现地区主导产业从第一产业向第三产业转变；同时，项目开发充分考虑吸收当地劳动力为度假区发展服务，解决就业并提高经济收入，努力成为"城乡统筹综合改革试验区"建设的典范。

2.市政基础设施不完善及其解决思路

山地型旅游度假区由于远离城市中心，其市政基础设施建设相对落后，具体包括给水、排水、电力、通信等市政设施不完善。在进行规划时，需要先分析目前市政管网建设所存在的问题，并在对用水量、用电量、用气量等进行预测的基础上，充分利用山体的地形、水系等特征来进行合理的规划。

以下为某山地型旅游度假区开发市政基础设施不完善的解决思路。

本项目市政管网建设落后，市政设施水平很低，需要较大投资规模。

（1）给水工程

① 现状问题

a.居民居住分散，且山上优良水库较少，规划区内自来水普及率较低。

b.部分居民使用地下水做饮用水，未经监测和净化处理，存在一定的安全隐患。

c.已有自来水厂规模较小，水源不充足，难以为继。

② 用水量预测。确定最高日生活用水量为1.46万吨/天，最高日浇洒用水量为2.31万吨/天。浇洒用水采用分散供给的方式，利用污水处理后的尾

水、收集的山体雨水进行浇洒,并以市政给水管网供水作为备用供给。项目用水量预测见表1-1。

表1-1 项目用水量预测

项目	数量	用水标准	最高日用水量/(万吨/天)
居住及配套	3.0万人	0.35t/(人·d)	1.05
商业	10万平方米	0.015t/(m²·d)	0.15
管理服务	5万平方米	0.012t/(m²·d)	0.06
未预见用水量		上述几项的15%	0.20
合计			1.46
景观绿化用地	1.80km²	0.3万吨/(天·平方千米)	0.54
生态游憩用地	4.16km²	0.3万吨/(天·平方千米)	1.248
合计			1.788

③ 供水水源与水厂。规划由两路水厂(7万吨/天)供水,与规划的新××水厂(长江水源)联网。

④ 加压泵站。6处加压泵站:分别设在××社区居住组团西南部、××湖商务休闲组团东北部、××休闲度假组团西南部、"夕阳红"养生度假组团东北部、文化生态旅游组团西南以及东南部。

⑤ 给水管网。石×镇接入给水干管(DN800mm),给水干管(DN500mm)与规划区东南部的新××水厂联网。

南北两个大环:北部的环为××社区居住组团和××湖商务休闲组团两个组团供水;南部的环为"夕阳红"养生度假组团和文化生态旅游组团供水。

(2)排水工程

① 现状问题

a.排水管道建设滞后,仅在部分度假村有排水管道,但未形成网络。

b.污水处理站总体规模较小,只能处理部分生活污水。

c.规划区内水塘枯水期水量较小,生活污水直排对水环境影响较大。

② 排水体制。雨污分流。

③ 污水工程规划。污水量:1.31万吨/天。

污水处理设施:人工湿地污水处理厂1座、地埋式污水处理站7座、污水处理设施2座。

污水处理率100%,尾水回用作为浇洒用水。

④ 雨水工程规划

a.充分利用地形、水系进行合理分区，根据分散和直接的原则，保证雨水管渠以最短路线、较小管径把雨水就近排入水体。

b.居住区内沿小区支路设置雨水管道，就近排入水体。

c.通过合理设置截水沟或者山涧河道，尽量收集山体自身的雨水，形成景观湖泊及湿地，调节山体小气候。

（3）电力工程

① 用电量及用电负荷预测。用电量约为2亿千瓦时，用电负荷约为7.6万千瓦。

② 电网规划

a.新建一座110kV变电站，主变容量为（2×50+63）MVA，用地面积预留3000m^2。

b.将××山森林公园旅游总体规划中在规划区南侧新建的一座35kV变电站升压为110kV。

c.10kV供电线路，采用电缆沟方式敷设；环形网络。

③ 高压走廊。500kV走廊宽度70m，220kV走廊宽度40～45m，110kV走廊宽度25m。

④ 绿色能源利用。利用太阳能、风能和生物质能等天然洁净能源。

（4）通信工程

① 业务量预测

a.固话需求：2.8万线。

b.有线电视需求：2.9万线。

c.移动用户：4万户。

d.邮政业务：30万件。

e.数据业务：1.5万线。

② 接入方式及局所规划

a.电信：沿319国道由沙×电信局接入，待鱼×通信汇接局建成后，通信线路由鱼×汇接局接入，1个通信端局，用地面积2000m^2。

b.有线电视：1座有线电视分中心，建筑面积约150m^2。

c.邮局：新建5处邮政服务网点。

③ 通信管道规划。结合规划路网，实现通信线路下地改造，建立综合信息通道。

（5）燃气工程

① 气源。集中居住区燃气以天然气为主，规划建设用地以外零散分布的村民以人工沼气为主。

② 用气量预测。居民用气量为123.7万立方米/年；商业总用气量为49.5万立方米/年；总用气量约为181.8万立方米/年。

③ 调压站及接入方式。规划区东北侧现有××山调压站，现有燃气管网由其接入，另规划南部燃气管线由××坪调压站接入，形成××山调压站和××坪调压站联合供气环网。

④ 压力级制。中压A级：0.3MPa。

（6）环卫工程

① 垃圾产生量。日均产生量约为36t/d。

② 环卫设施规划

a.垃圾处理设施：不另设垃圾处理设施，生活垃圾集中收集后运送至××垃圾处理场填埋。

b.垃圾转运站：新建5座小型封闭式垃圾转运站。

c.公厕：风景区公厕按一类标准配置，场镇等生活集中区按二类标准配置。

③ 垃圾分类收集。旅游区垃圾分类收集，在主要游览线路和游人集中地，根据游人分布情况设垃圾分类收集箱。

（7）综合防灾工程

① 防洪工程。防洪标准：山洪按20年一遇设防；整治加固，加强管理，加强植被建设，设置截洪沟。

② 消防工程。组建专职消防队；沿路布置消火栓；结合区内道路，设置消防通道；新建5座小型普通消防站，用地面积为1500m^2/座。

③ 抗震防灾。普通建筑物按地震动峰值加速度0.05g设防，重要建筑物和生命线系统设施按地震动峰值加速度0.10g设防。布置疏散场地及疏散通道，加强生命线系统的工作。

④ 人防工程。远期需人防工程总面积1.56ha（1ha = 10^4m^2，下同）。主干道和次干道为疏散通道，体育休闲用地为集散地。完善人防通信、警报系统，增强人防通信、警报系统的抗毁能力。

3.山体植被破坏与环境污染问题及其解决思路

针对山地型旅游度假区山地植被破坏与环境污染等问题，在进行规划时，主要可以从以下几个角度进行考虑。

① 针对山地植被覆盖情况分别设置保护类和改善恢复类区域进行生态保护培育。

② 进行植被改造，结合项目功能分区种植既具景观效果又能满足生态要求的植物。

③ 控制游客数量，通过环境容量估算确定项目的最大游客量。

④ 明确水质量、空气质量、噪声等的标准，并提出水污染、空气污染、噪声污染等污染防治措施。

以下为某山地旅游度假区开发的山体植被破坏与环境污染的解决思路。

（1）保育培育规划

① 保护类地区。根据现状调查以及《××山地区开发建设管制规定》中森林密集区的范围，划出现状山林原始植被完好的地区进行保护。

② 改善类地区

a.培育改善地区：地势较为平缓、生态敏感型相对较低的区域。通过开发的形式改善地区水土流失的现状。

b.林地恢复地区：地形坡度较大和山体汇水地区。通过退耕还林恢复其生态系统。

（2）生态保育及绿地系统规划

① 规划原则

a.生态保育和人工植树造林兼顾，通过针阔混交，形成完整的富于变化的植物群落体系。

b.采用乡土植物品种，大量采用野生植物品种，减少养护费用，形成可自然演替和可持续的生态系统。

c.营造自然山林带、景观林带、果园农田种植带，为人类活动提供丰富的空间体验。

d.强调季相、林相变化，尊重植物的生态要求，如日照、土壤、水分等自然条件。

② 植物配置。表1-2为本项目各区域植物配置情况。

③ 绿地系统规划。景区最终达到春季山花烂漫，夏季浓荫铺地、花香扑鼻，秋季层林尽染，冬季苍松翠柏的效果。

表1-2　本项目各区域植物配置情况

区域	推荐树种
山林种植区	黑松、油松、黄连木、侧柏、刺槐、栾树、泡桐、栓皮栎、火炬树等
入口种植区	榉树、合欢、银杏、水杉、柳树、樱花、柿子树等
度假地种植区	三角枫、无患子、黄山栾、乌桕、鸡爪槭、黄连木、柳树、樱花、紫薇等
花谷地种植区	黑松、油松、黄连木、樱花、鸡爪槭、海棠、郁金香、当地野花类植物等
山谷种植区	黑松、油松、黄连木、侧柏、火炬树、刺槐等
入海廊道种植区	国槐、黄连木、芦苇、菖蒲、风车草、萱草等

（3）环境容量

① 线路法。经计算旅游区步行线总长约30km，以每人占5～7m计算，瞬时最大容量为6000人，周转率为4，则日环境容量为2.4万人次。年旅游实际天数270d，则年环境容量为648万人次。此环境容量主要为生态保育区和风景游览区容量。

② 面积法。表1-3为本项目各分区面积及游客容量。

表1-3　本项目各分区面积及游客容量

分区	面积/km²	指标/（人/ha）	容量/人
生态保育区	4.78	4	1912
风景游览区	9.51	10	9520
发展控制区	7.11	20	14220
合计	21.4	34	25642

本旅游区将来以针阔混交林为主，而且沟谷、村落、旅游设施众多，通过测算旅游区瞬时容量为2.6万人左右，根据景区情况周转率设为4，则日环境容量为10.4万人，年旅游实际天数270天，则年环境容量为2808万人次。

经过上述计算方法分析比较，规划区的游客量宜控制在每年2800万人次，最大日游客量为10万人次。

（4）环境保护规划

① 环境功能区划

a.水环境功能分区。规划建设区外分散居民用做水源的水体执行地面水环境质量Ⅱ类标准，其他水流和人工湖执行地面水环境质量Ⅲ类标准。

b.大气环境功能分区。规划区内各组团均执行国家二级空气质量标准，建设区外保育用地和生态游憩用地执行国家一级空气质量标准。

c.噪声环境功能分区。主要交通干线两侧10m以内（地形坡度大于15°时为15m）执行国家区域噪声标准Ⅳ类，××社区居住组团和××湖商务休闲组团中的商业服务中心执行国家区域噪声标准Ⅱ类，其他地区执行国家区域噪声标准Ⅰ类。

② 环境污染防治

a.水污染防治

（a）严禁向溪河、湖泊内排放未经处理的污水和倾倒垃圾；

（b）保护好水质优良的山间水库和溪流，严禁捕捞、游泳、洗衣物，周边不得用做建设用地；

（c）完善市政管网建设，提高污水处理率，加强中水回用；

（d）及时疏通截水沟，保证水流畅通。

b.大气污染防治

（a）零星空地宜植树、种草、栽花，增加植物覆盖，减少粉尘污染；

（b）严格落实蓝天行动方案，整顿碎石厂；

（c）尾气排放不达标的车辆严禁进入旅游区。

c.噪声污染防治。加强建筑施工、商业、娱乐业等噪声的整治和管理。

d.固体废物污染防治。建设垃圾收集系统和垃圾中转站；所有垃圾外运处理。

4.道路交通落后及其解决思路

对于道路交通落后的山地型旅游度假区，在进行道路交通规划时，应根据山体的地形特点，并尽量利用原有的交通路网结构来进行地块划分和道路交通的布局，设置符合山体特征的多样化的公共交通工具。

以下为某山地型旅游度假区开发的道路交通落后的解决思路。

（1）道路设施

表1-4为本项目各路段道路情况及对外连接方向。

表1-4　本项目各路段道路情况及对外连接方向

路段名	道路情况	对外连接方向
峡×路	景区两车道水泥路	海×大道
××国道	水泥两车道（路况差）	××景路
×家沟至高×村	泥泞路	—
至高×村路	在建两车道（路况差）	龙×镇

续表

路段名	道路情况	对外连接方向
至×家沟	两车道乡村路	××嘴
在建	泥泞路	×坪
至×坪	两车道水泥路	×坪

项目内部初步形成"四横一纵"的路网结构，主要靠峡×路连接，其他几条道路目前路况较差，但对项目板块内各地块的利用有一定影响，在地块划分中，尽量利用原有交通路网。

（2）道路交通规划

① 交通需求

a.对外交通：公路客运将成为该项目最大的对外交通组成部分。

b.内部交通：主题公园位于峡×路东侧，大量游客可从东侧××嘴及高×村方向直接到达目的地，不会给各居住组团内部交通带来太大压力。

② 交通服务体系

a.公共性观光游览型项目：旅游度假区自营对外交通体系、政府公共交通体系和旅游公司专线交通体系。

b.私密性较强的度假型项目：面对高端客户的专有交通体系。

c.组团内部及组团间：以中、小型巴士为主要交通工具，突出绿色交通、生态环保的主题。

（3）道路交通

规划区东侧新建两条南北向园区主干道，构成"四横三纵"的道路结构体系。

次干道采用自由式布局以适应地形，保证道路的通达性。

（4）道路断面

a.园区主干道：根据地形情况采用双向两车道或三车道，道路红线宽度9.0~14.0m。

b.园区次干道：双向两车道，7.0m的车行道，道路红线宽度9.0~11.0m。

c.园区支路：双向两车道，6.0m的车行道，道路红线宽度9.0m。

（5）交通设施

设置1处公交综合场站和6处公交停靠站点，5处公共停车场。

第二节
山地型旅游度假区用地规划与空间布局要点

一、用地类型与用地规划

山地型旅游度假区的用地类型可分为建设用地和非建设用地。其中，可用于规模开发的建设用地主要包括休闲度假用地、商业服务用地、市政设施用地以及村镇建设用地等，非建设用地主要包括景观绿化用地、道路交通用地以及生态游憩用地等。在进行用地规划时，需要注意以下几个要点。

① 确保用地对山体生态环境不产生影响。

② 以未利用地、水土流失严重的用地为主，保留植被景观良好的用地。

③ 在坡度<35%的用地中划定适宜建设用地范围，在适宜建设用地范围中划定开发建设用地。

④ 遵循当地关于山体开发建设的相关规定，严格控制建设用地开发强度。

以下为某山地旅游度假区的用地规划。

（1）旅游发展用地范围

按照坡度分析，划定旅游发展用地范围 $9.23km^2$，如表1-5中的阴影部分，从中选取适宜用地进行实际开发。

表1-5 规划用地汇总

用地类别		面积/km²		百分比/%	
生态游憩用地		4.16		19.9	
景观绿化用地		1.80		8.6	
开发建设用地	休闲度假用地	2.37	1.70	11.4	8.1
	商业服务用地		0.41		2.0
	市政设施用地		0.03		0.2
	村镇建设用地		0.23		1.1

续表

用地类别	面积/km²	百分比/%
道路交通用地	0.90	4.3
山林保育用地	11.11	53.3
发展备用地	0.30	1.4
水域用地	0.24	1.1
合计	20.88	100

（2）实际开发范围

实际建设开发应集中在旅游开发范围中坡度小于20%的用地中，根据地形地貌和坡度的分析，实际可用于规模开发的用地约2.37km²，约占总面积的11.4%。其余6.86km²均为生态游憩及景观绿化用地。

（3）建设规模预测

表1-6为本项目建设规模预测。

表1-6 本项目建设规模预测

总用地		20.88km²
旅游发展用地范围		<9.23km²
建设用地规模		2.37km²
总建筑面积		<130万平方米
其中	居住及配套	100万平方米
	商业	10万平方米
	管理服务	5万平方米
	村民安置	15万平方米
开发强度		0.14

① 北部靠近××国道地区。地势平缓，坡度小于20%的土地具有较大规模并相对集中，开发容积率控制在1.0以下。

② 中部沿××路两侧用地。用地围绕××湖展开，景观条件优良，开发容积率控制在0.3以下。

③ 南部××坪周边地区。地势崎岖，山林幽静，适宜营造世外桃源的清幽意境，且坡度小于20%的土地规模较小并相对分散，适宜进行散点式低密度开发，开发容积率控制在0.2以下。

二、空间布局要点

山地型旅游度假区应根据山体的地势特点、山地资源的分布情况以及项目的发展战略等来进行整体规划布局，一般可以以山体运动、康疗保健等项目为核心板块，相关的商务休闲、文化体验等功能区域进行结合搭配，以满足游客运动休闲度假、生态养生度假等多样化需求。下面将结合具体的案例对以户外运动为核心的山地型旅游度假区、以康疗保健为核心的山地型旅游度假区以及多功能均衡发展的山地型旅游度假区的空间布局要点分别进行阐述。

1. 以户外运动为核心的山地型旅游度假区空间布局要点

具有独特山形地貌等自然条件的山地型旅游度假区，可以以开发参与性强的户外运动类旅游产品为核心，打造户外运动训练、比赛场地。根据山势特征，可划分为野外扩展训练区、汽车露营区、山地自行车区等功能区域。

以下为以户外运动为核心的某山地型旅游度假区的空间布局。

该旅游区以户外运动为魂，山林谷地为开发单元，突出户外运动和郊野度假，以垄断性、独占性的品牌开拓旅游市场。

功能分区：一轴、一心、六区结构。

一条主轴：主观景路。旅游区主要旅游项目都集中在主观景路两侧。主观景路主要由进入两端谷地的公路和翻山步行路组成。通过主观景路，游客可以很容易地深入旅游区。此外，主观景路将滨海大道、×东路、×兰路连接起来，形成网状环线，将各个旅游项目串联，同时也为各项赛事提供了场地。

一个中心：中心服务区。在规划区东部主入口处的广大区域，配套文化中心、星级宾馆、超市、步行街等设施。

六大主题景区：户外运动区、汽车露营区、野外拓展训练区、××山文化休闲区、运动度假区、入海廊道区。

其功能结构如图1-1所示。

2. 以康疗保健为核心的山地型旅游度假区空间布局要点

具有良好森林生态自然环境的山地型旅游度假区，可以根据养生、康疗保健等核心旅游产品对场地、外部景观等的要求来进行规划布局。

图1-1　某山地型旅游度假区功能结构

以下为以康疗保健为核心的某山地型旅游度假区的空间布局。

借助××山的区位优势与地理特色，构筑体系化的、强调避暑的深生态产品，形成以禅意体验为度假意境的综合性大型度假区，突出项目利用深生态自然环境所形成高品位场所感。

（1）划分思路

① 突出康益性——三大亮点的突出。保健康疗依然是现代度假区的主要功能，因此项目的高尔夫球、温泉、山地运动应作为核心项目，相关康益项目结合其特性进行有机搭配。

② 强调综合性——形成度假人群有效滞留。功能配置上除了满足健康消费外，还必须满足风情体验、亲情回归、社会交往、商务会务、消磨闲暇、自我修炼等多种现代人需求，形成客群有效滞留。这些项目可围绕风情小镇与酒店进行展开。

③ 体现舒适性——景观价值利用与人性尺度设计。布局上根据各功能的档次、场地要求及对外部景观的依赖性做出综合考虑，并结合流动线，做出具备度假舒适度的选址安排。

（2）板块划分

① 高尔夫休闲度假板块——贵族式高尚康体运动度假板块。

② 上林温泉休闲养心板块——高端"康体水疗+有氧修炼"度假板块。

③ 云顶酒店商务休闲度假板块——高端综合度假酒店、花园式商务公馆板块。

④ 云岭风情小镇板块——川南半山风情大众旅游度假中心。

⑤ 幽谷兰溪创意产业基地板块——创意公馆与溪谷野趣区。

⑥ 山地休闲运动大本营板块——大众山地运动中心。

⑦ 森林公园板块——生态屏障、山地运动场。

⑧ 生态农业观光园板块——原住民生态产业园区。

（3）布局示意图

图1-2为某山地型旅游度假区布局示意图。

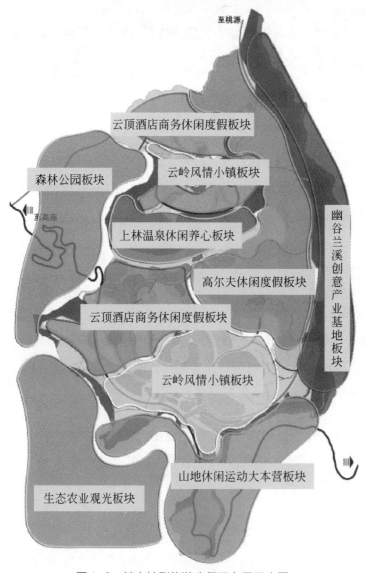

图1-2　某山地型旅游度假区布局示意图

3. 多功能均衡发展的山地型旅游度假区空间布局要点

对于具有多样化的地形特征以及丰富的山地自然与人文资源的山地型旅游度假区，可以打造涵盖商务休闲、文化体验、康体养生、山地运动等多种功能均衡发展的度假区，并根据山势起伏及景观分布特点来进行各功能板块的布局。

以下为多功能均衡发展的某山地型旅游度假区的空间布局。

（1）规划构思

① 规划区东南部。充分利用××山的人文自然资源优势和地形特征，打造一个全国乃至全世界唯一的农耕文化主题公园——中华农耕文化园，为规划区吸引客源，形成发展旅游度假的基础。

② 规划区北部。借助地形，形成自然湖泊，利用原镇区的交通优势和基础，开发各种山地户外运动项目、滨湖运动项目、野外游憩项目和商务休闲度假项目等。

③ 规划区西南部。地形起伏大，适宜开发建设的用地规模较小且相对分散，较为安静，发展寻幽访古项目和"夕阳红"休闲养老示范工程。

（2）空间布局

通过现状道路及山体将整个基地分为五个相对独立的组团。

① 中心组团。××湖商务休闲组团：研发展示基地（会议展示中心、技术研发中心）、商务酒店、度假居住、体育休闲公园、体育休闲会所、度假酒店、购物街、酒吧街、生活配套。

② 其他组团

a. 文化生态旅游组团：中华农耕文化园、旅游服务中心、特色商业街、美食街、城市农夫田园、万亩樱园。

b. "夕阳红"养生度假组团：度假居住、养生康体中心、生活配套。

c. ××岩休闲度假组团：度假居住、企业会所、生活配套。

d. ××社区居住组团：村民安置、度假居住、生活配套、山地运动。

（3）空间布局图

图1-3为该旅游度假区空间布局图。

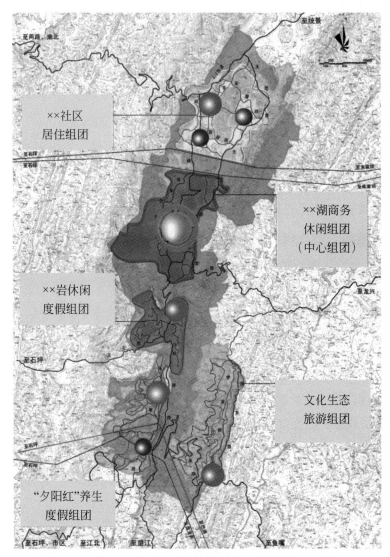

图 1-3　某山地型旅游度假区空间布局图

第三节
山地型旅游度假区产品开发方向

　　山地型旅游度假区具有优质的山地森林自然生态环境、多样化的地形地貌特征以及浓厚的宗教人文资源等，依托这些特色的山地资源，其可开发的产品类型主要包括山居度假物业、山地户外运动产品、山地康体养生产品、山地文化体验产品、山地生态观光产品、山地娱乐休闲产品以及商务与商业配套设施等。本节将结合具体的案例对不同产品类型的开发思路进行阐述。

一、产品开发原则

对于山地型旅游度假区，其无论是哪种类型旅游度假产品的开发，一般都要遵循生态性、景观性、文化性与休闲性等原则，具体内容如下。

（1）生态性

① 采取"充分考虑本地区的环境、经济和社会文化的平衡发展，严谨规划、认真实施"的综合开发模式。

② 提高度假区的绿化率，对容积率严格控制。

③ 对生态环境脆弱地区进行生态保育。

④ 当地生态材料和生态产品的运用。

（2）景观性

① 根据度假区现有景观系统，结合山地地形，综合运用度假区的绿化、园林化设计，山水景区景点划分与策划、人工景点与小品及建筑等的布局与设计，营造自身令人赏心悦目的景观。

② 以综合景观价值最大化为导向，进行度假项目设计。

（3）文化性

突出文化理念，分别从空间艺术与产品服务特色上进行演绎。

比如通过禅文化的注入，打造独特的山居风情。如渗透禅意的山居建筑、庭园、枯山水庭、茶庭等。

（4）休闲性

① 加强休闲项目设计，控制发展观光旅游性项目。

② 项目设计强调各个时段人流驻留性。

③ 利用各类开敞的公共节点空间（如集镇广场、户外绿地等），给予人们自我放松的景观空间。

二、山居度假物业

为满足不同层次度假人群的居住需求，山地型旅游度假区可打造的山居度假物业主要包括以下类型。

① 利用原有山村民宅打造高山特色民宿。

② 利用森林资源打造树居、洞穴、集装箱等创新型住宅。

③ 利用山地高尔夫景观打造高尔夫景观酒店、别墅或公寓等高档住宅。

④ 利用当地民俗风情及人文资源打造半山风情居住区。

1. 高山特色民宿

将原有依山建造的民宅进行改造，建设特色民宿，既可以让入住游客深入体验当地的民俗文化，也可提高当地农民的收入。高山特色民宿按标准进行基本的内部配置，收费较低，可以满足中低档游客的住宿需求。

以下为某山地型旅游度假区的高山特色民宿开发思路。

本项目体现社会主义新农村建设，整合区域人口资源，将原有民宅改造或在小镇公共区域以外依山集中建设"高山人家"旅游特色住宿区，内部设置按国际标准配置，每户农家设标准客房2～4间，为游客提供整洁、舒适的住宿、餐饮服务，深刻体验川南民俗文化。同时使当地农民参与旅游服务等第三产业经济链，带动区域产业的发展，增加农民收入。

2. 创新型住宅——树居、洞穴、集装箱

结合山林特色，可以打造具有生态性、趣味性的山居物业，如树居、洞穴、集装箱等，这些创新型住宅在满足游客基本住宿需求的同时，营造了山居度假的氛围，给游客带来不一样的居住体验。

以下为某山地型旅游度假区的创新型住宅开发思路。

借助项目风貌的地形特征和多种多样的旅游产品，打造特色精品酒店群落，用现代理念诠释传统的树屋、洞穴、集装箱等建筑形态，打造融合建筑趣味性和居住舒适性于一体的精品特色酒店群落，为客户带来非同一般的感官享受。

3. 山地高尔夫景观酒店/别墅/公寓

利用山地高尔夫球场良好的景观视野，可以建造高端的景观酒店、别墅或公寓，采用奢华精装与全程物管服务，并设置健身房、SPA养生水疗中心、游泳池等配套设施，满足高端人群的度假需求。

以下为某山地型旅游度假区的山地高尔夫景观酒店/别墅/公寓开发设计思路。

（1）高尔夫景观酒店

××山高尔夫酒店毗邻极富动感的音乐喷泉，并严格按照五星级酒店标准设计施工与装修。内设阳光西餐厅、中餐大厅、豪华餐饮包房、大小各式会议厅、商务中心、健身房、游泳池、多功能大厅、空中花园、夜总会等商务辅助功能设施。总建筑面积54465m^2，总投资额32500万元，客房近600间；酒店位于××谷球场前9洞与后9洞的中间位置，具有极佳的景观效果。

① 特邀国际著名设计师×××担纲室内设计，所有房间五星级精装，

家具家用电器全配。

户型一：建筑面积约 $59 \sim 70m^2$。

a.奢华卧房开间达4.7m，宽幅落地窗迎景入室。

b.阳台安装露天养生SPA按摩浴缸，舒适健康。

c.开放式厨房设备精良，玄关处悉心配备储物柜、衣柜。

d.卫生间、淋浴房、储物镜柜由玻璃分隔，彻底干湿分离。

户型二：建筑面积约 $101 \sim 125m^2$。

a.客厅、卧房面宽均达4.3m，居家气度不凡。

b.卧房宁静舒适，连通私人化妆间、SPA池。

c.半开放式厨房空间明亮，雅致餐厅氛围清新。

d.卫浴区清晰分隔卫生间、淋浴房、储物镜柜，体贴入微。

② 五星级主题酒店运营，一流配套超乎寻常。

a.国际"皇金管家"认证，贴心物管服务。

b.$3000m^2$ SPA水疗中心，惬意生活的畅享。由马来西亚国际设计公司在五星级酒店（2幢）二层打造约 $3000m^2$ 的SPA养生水疗馆。水疗馆内设有超音波浴、冰水浴、药浴、动力浮浴等十余类疗养水浴，以及约 $200m^2$ 的女士SPA区，约 $700m^2$ 的无边界泳池。

（2）高尔夫景观别墅

① 一期别墅

a.项目总用地面积 $40307m^2$，建筑面积 $13193m^2$，投资约6000万元。

b.景观别墅珍稀31座，共分为4种户型，建筑面积 $287 \sim 630m^2$ 不等，紧邻××谷10号球道及××山高尔夫一期酒店。

c.人性化经典设计，0.3超低容积率，大露台，大面积落地玻璃窗，四面采光。

d.中央空调系统采用美国全进口地源热泵系统，体验尖端科技带来节能环保的健康尊贵享受。

e.采用五星级酒店标准的全程物业管理，共享人生的荣耀。

② 二期别墅

a.预计总投资约20000万元，总用地面积 $111069m^2$，建筑面积 $27771m^2$。

b.其设计利用山体自然地形，均设置地下车库、泳池，集健身娱乐等多功能于一体。

c.室内整体装饰由××公司精心设计，此设计成为整个工程项目中又一亮点。

（3）高尔夫景观公寓

占地约2.5万平方米，总建筑面积1.6万平方米。项目地下一层为车库和公共配套设施，上部五层为酒店公寓。

① 经济技术指标

a.用地面积：25270m^2。

b.总建筑面积：15750.6m^2。

c.其中地上建筑面积：13208.6m^2。

d.地下建筑面积：2542m^2。

e.容积率：0.63。

f.客房总间数：188间。

g.地下停车位：44个。

h.装修档次高，内部装修采用新古典主义欧式风格。

② 周边环境

a.东侧房间可享××谷球场的18号洞球道景观。

b.西侧房间可观集蓝莓、枇杷等十数种果树于一体的农家乐园，并远眺跌宕起伏的山峦。

c.所有房间均朝向高尔夫球场和周边自然景观。正面为运动广场，广场占地1.55万平方米，种植有乌桕、石榴、朴树等近30种珍贵苗木。绿树间错落有致的2个网球场、1个篮球场、2个羽毛球场、小足球场及儿童游乐场可供休闲。

d.仅数米之隔的休闲中心，内有桑拿、KTV、徽味土菜馆及黄梅戏可供娱乐。

4.半山风情居住区

利用地方特色、民俗风情和文化底蕴，可以打造体现当地文化特色的风情公寓、别墅或洋房等住宅，并将这些特色建筑与自然山景相融合，营造宁静、高雅的居住氛围，可以吸引学者、教授等研学类人群、画家、作家等艺术创作人群以及文化修养较高的中高端消费群体等。

以下为某山地型旅游度假区的半山风情居住区开发设计思路。

（1）整体形态

以依山就势、沿河造景、色彩筑城、建筑与山体、水系共生等多种设计理念构筑体现川南风情的云岭小镇。利用生态河床得天独厚的自然资源优势，引水上山形成叠瀑流溪，体现水陆交互式设计。建造缓坡型河滩堤岸。

将项目的生态性、自然性演绎到极致。突出设计小镇标志性建筑，增强可识别性，形成聚众焦点。

依山就势、筑台为基、吊脚为楼、顺坡造房，以台、吊、挑、拖、坡、梭、错等手法，借山地缓坡营造错落有致的建筑风貌，使得人为建筑与自然山景融合成景。

（2）建筑风格

以现代手法诠释东方神韵。提炼川南建筑精髓，接合山地自然风貌，以现代建筑设计语言表达天人合一的传统思想。使用功能上兼顾旅游人群和休闲度假人群的多重行为需求。

（3）街巷风貌

朴素典雅的城镇风貌，巧妙灵活地利用自然条件，形成亲切宜人的空间感受，再现繁忙城市中消失已久的街巷生活。宽街依空灵山势交通顺畅，闹市隐幽谷。窄巷显玲珑可亲、摩肩接踵，休闲在途中。

5.山居度假物业创新设计要点

大多数山地型旅游度假区可能存在着容积率高、户型空间很少强化度假居住需求、景观绿化与地域特征及度假主题契合度低等问题。为了满足度假人群对于度假化、特色化的物业设计的需求，山居度假物业的设计应注重创新性，营造独特的山居度假氛围，具体体现在以下几个方面。

① 为不同收入度假人群提供多样化的亲天、亲地、亲水，低密度、低容积率的度假物业形态。

② 物业的户型、园林、色彩等一切均以山居度假生活方式为出发点。

③ 利用户外空间创造更多风情体验、消磨闲暇、生态体验功能，户内空间利用灰空间创造更多观景、亲情回归、自我放松功能。

以下为某山地型旅游度假区山居度假物业的创新性设计思路。

（1）西式的生活流线

客观上，西式别墅的室内流线设计是优越于传统中式院落的。借鉴北京××项目的室内设计理念，并结合四川本土的需求特征，适当增加功能间和灰空间，如大面积的落地玻璃、中西分厨、独立早餐厅、独立正餐厅、下沉式地下室、独立的景观会客小厅等细节。

（2）单体建筑：平和的中式院落+有机建筑元素

中式别墅的色彩丰富，朱红、明黄、褐灰多色调构成，适合大众审美。

(3)巧妙的退台设计赋予每户独立的庭院或阳台，营造休闲空间

① 通过退台式设计，营造台阶式建筑造型，使建筑立面非常丰富。

② 层层退台设计，每上一层就往里退缩一定空间，从而为下一层营造一个私家庭院或花园阳台。

③ 利用室外平台，充分通风采光，把户外自然景观引入日常生活的同时，实现全面无暗室及增强开放型活动空间的特点。

④ 在户型设计上，宽厅设计，增大观景面。

(4)阳光房/半地下空间的运用

地下空间设计最好能够有足够的来自于地面的自然采光和自然通风。这样，地下空间就可能分为两部分，自然采光部分形成一个地下天井，而具备使用功能的房间则与地面采光联系起来。另外，其处理方式要考虑天气因素。

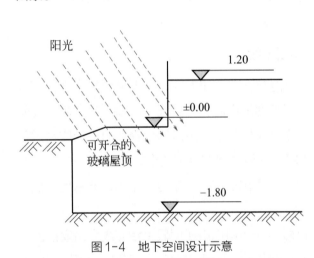

图1-4 地下空间设计示意

图1-4这个地下空间构成的视听室显得封闭了一些，如果和上面的地面采光联系起来，这个地下空间将完全生动起来，将带给人意想不到的效果。

在海边的许多度假村中，这样的地下空间处理很常见。一个透明的水体中，造成鱼类在屋顶游动的效果，是一个非常有趣的室内空间处理的方式。现实的样板在××市的中国会馆（目前××市顶级的私家会所）的三楼一个封闭的露台空间有展示，非常生动。

(5)户型创新实景

通过户内外空间与景致的交融，提升居住舒适度，营造小镇休闲生活意境。

① 落地窗、入户花园、花园露台等设计使户外景观充分渗透至户内，将户内生活空间充分外延。

② 户型创新通过户内生活与户外景致的交融，为居民充分营造山地生活的意境。

三、山地户外运动产品

充分利用山体复杂的地形优势，如缓坡、谷地、山脊、岩体等不同的地形地貌以及丛林等，可以开发山地户外运动类产品与开展相关体育赛事，如山地高尔夫球场、户外拓展训练区、汽车露营基地、山地自行车运动场地、高山滑雪场、体育赛事场地等，可以满足专业运动员以及户外运动爱好者等度假人群的需求。

1. 山地高尔夫球场

利用山体的山脊地带，可以设置针对专业高尔夫球手的专业标准山地高尔夫球场；利用山体的缓坡地带，则可以设置针对高尔夫爱好者的大众标准的缓坡高尔夫球场。另外，还可以设置高尔夫会所以及网球、壁球等配套运动项目，并提供私人运动教练给予专业的运动方法和运动量指导。

以下为某山地型旅游度假区的山地高尔夫球场开发设计思路。

（1）专业标准山地高尔夫球场

利用山地地形的优势，设计跨山体的、具有较高专业难度的球道。与自然环境相融，可设置在东西向山体的山脊上，背靠青山，俯瞰大地，成就××山高尔夫的独特品质。

（2）大众标准缓坡高尔夫球场

体现项目优质的生态自然环境，依缓坡地形设计可供大众体验的标准缓坡高尔夫球场。

（3）配套项目

① 专业高尔夫会所：包括餐饮、会议、精品店，及康体洗浴等功能。

② 高尔夫配套运动项目：包括网球等室外运动项目、壁球、沙弧球、网球等室内运动项目。

2. 户外拓展训练区

利用山体的谷地、岩体以及密布的丛林，可以设置户外拓展训练场地，开展野营、攀岩、定向越野、丛林穿越等户外运动，供企事业单位开展团队活动和作为青少年素质教育基地。

以下为某山地型旅游度假区的户外拓展训练区开发设计思路。

野外拓展训练区的核心区为台×山与鹤×山北麓围成的马鞍形谷底，利用该区域坡度平缓、植被茂密、野花遍地的良好条件，因地制宜地开展各类户外运动。主要市场为青少年学生、机关团体等。拓展训练项目见表1-7。

表1-7 拓展训练项目

项目	简介	适宜区域
破冰（室内）	通过各种小活动营造团队气氛，打破人与人之间的隔膜，建立相互信任的基础	××村
野外徒步	要求队员们背负着全部的给养、装备，合力共进、历尽艰辛，共同走完一段前方未知的行程。此项训练在磨炼个人意志、增强自信的同时，能够使队员切身感受到集体荣誉感	马鞍形谷地
露营	在野外露营、野炊。学习各种野外生活技能。在自然的环境下，人与人之间的关系变得紧密、融洽	马鞍形谷地
攀岩	设一攀岩点，下设气垫进行保护，开展攀岩比赛	北部山麓岩体
速降	运用各种专业登山器材，由教练现场指导器材的使用及技术动作，天然陡壁上凌空飞步，利用绳索由岩壁顶端下降到地面。从自我激励、自我控制到超越自我，走向成功	北部山麓岩体
定向越野	激发竞争意识，感受个人与集体之间的关系；认识自身的潜能，磨炼意志	水库北部山谷
拟野外生存	国际通用规则，企业拓展首选	水库北部山谷
滑降	石壁、冰壁绳索滑降	北部山麓岩体
攀岩	手拉绳索爬上斜壁	北部山麓岩体
模拟雪山攀登	无海拔难度雪山的攀登训练	北部山麓
营地拓展游戏	通过开展团队或个人趣味性游戏及训练，如信任靠、穿越神网、同心协力等实现多项拓展目标	马鞍形谷地
丛林穿越	要求队员们背负着全部的给养、装备，合力共进、历尽艰辛，共同走完一段前方未知的行程。此项训练在磨炼个人意志、增强自信的同时，能够使队员切身感受到集体荣誉感	北部山麓
野营	帐篷、睡袋、防潮垫感受另类生活，或者直接天当房地当床观星赏月。	马鞍形谷地
篝火烧烤	当夜幕拉下，在群山中、星空下，一群人围坐在篝火旁，谈天说地、把酒狂歌，并烧烤着一切能放在火上的，享受着炭火带来的美味	马鞍形谷地
山地车越野	骑着山地车，驰骋山野	谷地土路
野外军事游戏	匹克搏游戏，仿照军事训练大纲，开展团队或个人趣味性游戏及训练	山麓
垂钓	置身水塘边，享受野外垂钓的乐趣	水库
矿泉浴	畅游于水库中	水库
烹泉品茶	山泉煮茶，神仙般的享受	××村
农家小撮	自家种的青菜、山里采的野菜、野果，烟熏火燎的老腊肉，小溪里钓上的小鱼儿	××村

3.汽车露营基地

针对自驾车出游一族，可以设立汽车露营基地，实现人、汽车与自然最深刻的对话，把"移动的家"放置在自然的奇妙景致中。

以下为某山地型旅游度假区的汽车露营基地开发设计思路。

（1）场地要求

① 风景秀丽、山水宜人的外环境，整洁、干净的绿色草坪。

② 面河背村，避风安全处的空旷平地。

③ 附近有餐饮、住宿、购物等生活服务设施。

（2）营地区功能配套

营地区分块、独立、可租用，提供独立的供水、供电设施，以及排水系统。

（3）专业服务机构

设置营地服务人员、保安人员、旅游咨询、导游租用服务机构。

（4）配套服务区

① 餐饮、购物服务、上网、通信服务区。

② 家庭、儿童娱乐区功能配套。

③ 休闲娱乐区功能配套。

4.山地自行车运动场地

利用跌宕起伏的山体地势特点，可以开发山地自行车运动场地，作为自行车骑行爱好者的骑行场所，并可开辟为举办全国性或国际性的自行车赛的赛事场地。

以下为某山地型旅游度假区的山地自行车运动场地开发设计思路。

本项目设计24km长的环域车道，并延伸到森林公园中。在本板块中设置一服务中心，作为起点、终点，并进行器械租赁等相关配套服务。

5.高山滑雪场

对于有冰雪资源的山地型度假旅游区，可以设置滑雪等冬季户外运动，并开设滑雪教学课程以及雪车游览、雪山摄影、滑雪公园等配套项目。

以下为某山地型旅游度假区的高山滑雪场开发设计思路。

在惠×山和黑×山，有2座享誉国际的滑雪胜地和高速缆车，这里有200条绝佳滑道、37座升降设备，是冬季滑雪经典路线。滑雪场开设有雪山摄影、成人滑雪课程、儿童滑雪课程、电动雪橇车、雪车游览、滑雪公园、雪橇犬等项目。

6.体育赛事场地

山地型旅游度假区通过开展定向越野锦标赛、公路自行车赛、马拉松比赛等体育赛事，可以提升项目户外休闲运动的知名度。

以下为某山地型旅游度假区开展的体育赛事。

（1）国际公路自行车赛

亚洲为数不多的国际公路自行车赛。以浩瀚的大海和跌宕起伏的郊野丘陵为背景，设计比赛线路。

（2）汽车露营运动大会

将登山、攀岩、拓展等户外运动，汽车越野赛、山野风光游、烧烤篝火晚会及汽车露营等活动融为一体。

（3）铁人三项国际积分赛

比赛设置为奥运会标准，包括1.5km游泳、40km自行车和10km长跑，青少年各项目的赛程减半。可举行全国性铁人三项选拔赛。

（4）全国大学生定向越野锦标赛

校园定向越野活动的举办场地，通过旅游区的综合服务功能，设立全国定向越野夏令营。

（5）马拉松比赛起点（终点）站

中日韩国际马拉松友谊赛场地之一。

（6）全国公路轮滑锦标

全国公路轮滑锦标是中国国家体育总局社体中心主办的传统赛事，是轮滑比赛中观赏性、观众参与度、媒体关注度最高的一个竞赛项目类别。

四、山地康体养生产品

依托山体优越的自然生态环境，可以打造以健康养生度假为核心理念的旅游产品，如山地瑜伽研修场所、山顶养生温泉区、森林健身步道、武术修练场所以及康复保健中心等。

1.山地瑜伽研修场所

利用半山森林环境，可以打造与自然环境相融合的特色露天瑜伽研修中心，满足瑜伽爱好者、养生度假人群的需求。

以下为某山地型旅游度假区的山地瑜伽研修场所开发设计思路。

本项目体现半山森林环境，以"身＋心＋自然"融为一体的瑜伽理念在负氧离子浓度极高的××半山，打造山地瑜伽研修场所。

项目形态如下。

① 在研修中心设置可与外界自然生态沟通的室内瑜伽修练房以及配套设施。

② 在研修中心周围设6～10个体现文化、自然和谐统一的露天研修场所。可以竹林围合，与远山相应；可设于山脊高台远眺金顶。

2.山顶养生温泉区

利用山地良好的生态环境，可以打造多样化的户外亲水休闲养生产品，如温泉、桑拿、SPA等，并将这些产品体验过程与自然环境融为一体。

以下为某山地型旅游度假区的山顶养生温泉区开发设计思路。

本项目温泉区跨越$2500m^2$，包括25个治疗室，干、湿桑拿和浸泡温泉。采取70多个国家最先进的治疗手段，提供专业的治疗管理和熟练的治疗技术。水疗中心有一个玻璃壁，涵盖游泳池周围的林地，包含水力按摩池、干湿桑拿房、健身室等。

3.森林健身步道

山地森林负氧离子含量极高，并且地势具有蜿蜒起伏的特点，因此适合开发森林健身步道，满足度假人群运动健身、休闲等需求。

以下为某山地型旅游度假区的森林健身步道开发设计思路。

本项目以××半山负氧离子超A级水平为最大卖点，依山势起伏，伴水系蜿蜒，设置3～5条林海健身、清水濯足、哲思独行等各具特色的健身步道，集健身、休闲、冥想于一体。步行道可单行至观景台，可环形至起始点，每隔50m设标注牌，行者可以通过测心跳，确定适合的运动量。

4.武术修练场所

结合当地的养生文化、武术文化等资源，可以设置如禅拳、柔道等武术修练场所。

以下为某山地型旅游度假区的武术修练场所开发设计思路。

本项目利用历史悠久、影响广泛的峨眉禅拳道资源，针对国内尚武、健体养生市场，结合当地绿色食品、茶艺等资源，融合气功柔道等具有市场基础的项目，锁定专项市场，扩大影响力。

5.康复保健中心

针对亚健康人群、老年人群等度假人群，可以开发以康疗、保健为核心的康复保健中心，提供体检、保健、康复疗养等服务。

以下为某山地型旅游度假区的康复保健中心开发设计思路。

本项目引进先进的检测检验设备，并与国内外著名的医疗保健机构共同推出花园型度假休闲健康检测服务。聘请国内外资深保健专家，建立人性化的"一对一"的服务方式，依托自身的康体休闲项目，为客户量身定制康复养生计划。

五、山地文化体验产品

依托山地深厚的宗教文化资源、地域传统文化等人文资源，打造宗教文化休闲设施、文化主题公园、半山书院等文化体验产品。

1.宗教文化休闲设施

借助山上寺庙、道观等宗教文化景点，可以设置丰富的宗教文化休闲设施，如八卦亭、太极拳训练馆、茶苑等，或者利用山体植被景观打造相关文化符号，营造宗教文化氛围。

以下为某山地型旅游度假区的宗教文化休闲设施开发设计思路。

本项目利用××山景区的道观（遇真宫）、水鸣天梯、鹤山晓钟、升仙台、滚龙洞、一线天等传统景点开发旅游产品。

（1）文化休闲设施建设

挖掘场地现有的文化特质，结合场地诗意的山水境地，营造浓重文化休闲氛围，设置和谐的文化休闲设施，使游客与度假者可以在此欣赏各类诗词歌赋，感受宗教文化的神秘，体验现代文化的魅力，共享琴棋书画之乐，陶冶情操，怡情养性。

（2）岩石大地景观

利用当地石头、松林等植被，形成较大尺度的阴阳鱼、八卦图等养生文化符号，形成道教文化的浓烈氛围。并在园区规划设置太极拳训练场、太极拳竞技馆、太极茶道苑、八卦亭、八卦阵等。

2.文化主题公园

以当地的传统文化以及相关的历史人文景观为依托，可以设置文化主题公园、博物馆等项目来展示如山地传统农耕文化等相关文化主题。

以下为某山地型旅游度假区的文化主题公园开发设计思路。

本项目设置体验式农耕文化主题公园——中华农耕文化园。以"农耕文明"为载体，直观全面地展示中华民族的智慧与创造力的精华，自然而然地展示演绎出诸多的中华传统文化，提升××山的旅游品牌。

中华农耕文化园是中华农耕文化"活体博物园"和中华农耕文明"发明运作园"，不仅仅是中华传统文化的简单组合和展示，而是取其精华，以"活体博物馆"的形式来演绎。同时，深入挖掘××山丰富的自然景观以及历史人文景观，将果园、蔬菜园、四季花田与历史人文景观融入生态旅游线路，在兼具观光、体验旅游和农业生态产业以及青少年生态农业知识培训基地功能的同时，有力地推动统筹城乡综合配套改革试验区的建设，解决所有原住民的就业需求和产业调整，以一种新的生产方式，摆脱贫困，保护生态，发展经济，为我国广大农村地区发展休闲产业探索可持续性发展的运营模式。

中华农耕文化园是国内与国际首创的农耕文明"活体博物馆"，争创中国青少年爱国教育基地；中国青少年课外活动基地；全国生态旅游试验区；AAAAA景区；全国科普教育基地；影视拍摄基地；若干年后成为全国重点历史文化保护单位。

3.半山书院

结合静谧、安详的半山自然环境，可以打造书院、图书馆等项目，为游客提供阅读、休闲的场所，也可供游客购买、借阅书籍，同时也为专家学者提供会讲、交流的场所。

以下为某山地型旅游度假区的半山书院开发设计思路。

××书院是中国地产界一笔妙手，商业地产中置百万藏书之馆，世界少有的远离尘嚣的研学智库，既服务于区内业主，也服务于天下来客。此举已超过商业用途，实为一种社会主张，慧眼者，当认同。筑台需匠心独运，令读书楼台为景为观，在往来人群中形成话语为要。博览群书之余，以百万首乐曲相配，供读者选听。细阅古今事，聆听天籁音，云端闲暇日，居室逍遥心。

（1）项目定位

① 不是常规意义上的图书馆，而是修身养性的书院。

② 不是乏味的读书研习之所，而是浸润人文生活的沙龙。

③ 不是功能单一的建筑摆设，而是自然、艺术、科技的枢纽。

④ 不是孤芳自赏的独立单元，而是聚合小镇风情的中心。

（2）项目内容

① 图书购买、借阅。

② 音乐欣赏平台。

③ 知名学者、专家会讲场所。

④ 文学、艺术沙龙场所。

⑤ 商务活动场所。

（3）项目形态

① ××书院实木质地，外观如圆形高台，独特别致，成为当地一道景观。台内有数层，每层中心为藏书区，外围阅读区与周围山景隔窗相望，置落地玻璃，视野开阔，配以舒适桌椅，闲暇安逸。

② 公共空间借树枝造型设计支撑结构，形成"室内丛林"，体现与周围环境的共生。

③ 私人空间以适宜的空间与自然生态的交融营造静谧、安详的环境。

六、山地生态观光产品

依托山地原有的自然风貌，如自然山水景观、山地森林植被景观、山地乡村农业景观等，可以开发深谷山水风景区、植被景观带、山地生态农业观光园、特色观景设施等供游客观光的旅游项目。

1. 深谷山水风景区

利用山体的地势起伏、水系景观等自然山水资源，并采用相关的空间、色彩、光影等设计手法打造可供游客观光欣赏的幽谷山水景观。

以下为某山地型旅游度假区的深谷山水风景区开发设计思路。

本项目打造体现中国传统审美旨趣的深谷山水风景区。

① 体现山地森林自然景观。

② 注重以三季花卉、四季常青造景。

③ 利用水系、山地起伏优势，引水上山，形成叠瀑、水潭，湖光山色尽收眼底。

④ 融合空间场所虚与实、开敞与围合、独立与连通等手法，从景观的形态构成、色彩构成、光影构成等多重设计角度营造优美、独特、宜人的多样性环境景观。

2. 植被景观带

充分利用山地多样化的森林植物资源，在旅游度假区的入口处设置植被景观带。在保护原有植被的基础上，可以有针对性地种植其他类型植物，以形成独特的植被景观和突出项目的生态性。

以下为某山地型旅游度假区的植被景观带开发设计思路。

旅游区主入口道路两侧形成两种不同的景观。道路南侧充分利用原××河的水资源形成湿地景观，此湿地景观也形成入口的开敞空间；道路北侧营造绿色的密林景观，形成入口的封闭空间，开敞与封闭的鲜明对比共同营造出主入口独特的景观，形成青山、绿树、碧水、湿地交融的优美景色。

（1）绿地建造理念

① 强调融自然环境为一体的生态建设，以入口道路两旁的水和绿带作为主要要素。

② 尊重场所精神，创造以地区性及场所性为基础的地方特征，重组水和绿带的亲水入口空间。

（2）植被品种选择

① 南侧的湿地景观植被选择。在保护原有湿地植物的基础上，增加挺水植物，如芦苇、风车草、鸢尾等；浮叶植物，如浮萍、睡莲、凤眼莲等；沉水植物，如金鱼草、水毛茛等，总体以挺水植物为主。

② 北侧的密林景观植被选择。黄连木、火炬树、水杉、黄山栾、杨树、红枫、柳树、黑松等穿插种植。

③ 下层利用当地野草，充分体现环境的亲切和自然。

3. 山地生态农业观光园

利用山地原生态的山村自然农业风光，并通过种植瓜果蔬菜林、茶园等观光园林，可打造山地生态农业观光区。

以下为某山地型旅游度假区的山地生态农业观光园开发设计思路。

本项目保持原汁原味的乡土气息，营造如画氛围和自然和谐的生态农业区，将乡村聚落与自然风光有机结合，营造优美的环境。种植适量面积的观光果林，开发生态观光旅游。

4. 特色观景设施

在一些优良的观景景观点上，设置具有特色的观景设施，如主题化观景平台、景观游步道、缆车等，形成显著景观点，构建区域观景的特色游线。

以下为某山地旅游度假区的特色观景设施开发设计思路。

结合××山山体，本项目开发架空步道、森林小火车、山体缆车等体验式山体活动项目，为年轻旅游者提供山体旅游体验。

七、山地娱乐休闲产品

借助特殊的山地风貌,可以打造独具山地特色的休闲娱乐项目,如利用高山地势可以打造刺激类娱乐休闲项目,利用山谷丛林可以打造儿童游憩乐园项目等。

1.刺激类娱乐项目——高山森林滑道、跳伞、索道

对于某些具有险峻陡峭特点的山体,可以设置惊险刺激的娱乐休闲项目,比如山体滑道、高山滑水、跳伞、索道等。

以下为某山地型旅游度假区的刺激类娱乐项目开发设计思路。

本项目是一个有激流、有峡湾、有高山等惊险刺激的优良环境。在不破坏大自然的情况下,发展了许多惊险刺激的活动。上山、下海、飞天等刺激的活动全在这里。不胜枚举的户外活动,让每个游客体验到独特的户外刺激活动。

① 全年都可从事的刺激活动,如喷射快艇、激流泛舟。喷射快艇由驾驶员引领旅客享受在山林间清澈水域疾行的速度。

② 高空弹跳发源地。

③ 对于直升机或小飞机的爱好者,可进行跳伞的刺激体验。

④ 冬天时变成高地乐园。世界各地的滑雪与雪板爱好者齐聚此地,参加一年一度的冬之祭。

⑤ 与索道、观光火车设备提供商合作。在东区建设天际缆车到山顶,观赏东侧田园风光和××海湖景。

⑥ 110m高山滑水。炎热的夏季里为家庭度假客提供有趣的休闲娱乐活动。

⑦ 1.2km长的高山森林滑道。

2.儿童游憩乐园项目

利用山地森林环境,可以开发适合儿童游玩的游憩乐园,设置植物隧道、儿童厨房花园、树塔等游憩项目。

以下为某山地型旅游度假区的儿童游憩乐园开发设计思路。

本项目娱乐休闲设施的开发为宁静的森林增添活力,塑造区域娱乐游憩氛围。

(1)植物隧道

利用植物搭建隧道迷宫,孩子可以安全地在其中步行、隐藏和游憩。

（2）儿童厨房花园

孩子可以用他们在花园里找到的不寻常的水果、蔬菜和草药学习厨艺。

（3）树塔

孩子可以攀登树塔，并看到花园全景。

八、商务与商业配套设施

为满足游客多样化的度假需求，山地型旅游度假区可以设置具有山地森林特色的商务与商业配套项目。

1.商务配套——半山高尔夫商务会所、高端商务会议中心、研发展示基地

针对商务度假客群，可建设半山高尔夫商务会所、半山森林高端商务会议中心、研发展示基地、商务公馆等商务配套项目，满足于企业信息发布、高层休假、产品展示、公关洽谈、内部培训等需求。

以下为某山地型旅游度假区的商务配套开发设计思路。

（1）半山高尔夫商务会所

① 特色

a.位于××山高尔夫球场内，景观优美，交通便利，建设用地面积为10952m^2，形状为椭圆形，场地内地势高差较大。

b.总建筑面积为8557m^2。其中地上建筑面积为6723m^2，地下建筑面积为1834m^2。地上建筑三层，地下一层。

c.以后现代法式风格为主轴，利用浅色砂岩大理石墙面、柱列、线板、雕塑、铁艺、深灰色瓦屋顶结合当地优美的自然环境，表现其尊贵的气质。

d.从业主的理念、经营计划、现场地貌和保护生态环境的角度出发，利用地形中间的空地，将建筑塑造成正面主楼加两侧次楼的半围合式空间。利用低矮地势的一端设置为地下室，从建筑上满足室内功能分区的要求，确保其空间功能区分明确化。在处理建筑与环境的关系上，充分利用了地形特点将地块四边茂盛的植被作为背景，使建筑与自然环境和谐统一。

e.充分利用当地良好的生态环境基础，力求人与自然的最佳和谐，创建既具传统风貌，又具现代化功能设施的聚会场所。

② 平面设计

a.高级商务区（主楼一楼）设有接待区、高级商务办公区及会议区。

b.高级客房区（主楼二、三楼）。

c.董事接待区（主楼右侧次楼）设有供客人睡眠、起居、接待、办公、学习、健身、休闲、娱乐的空间及专供其随行人员、服务人员使用的空间。

d.餐饮、娱乐区（主楼左侧次楼的一楼及二楼）设有大型宴会厅和包房以及视听、KTV、棋牌、酒吧、雪茄房等高级娱乐空间。

e.大型员工培训中心（主楼左侧次楼的三楼）。

f.休闲、健身区（地下室）设有室内温水游泳池、冲浪池及SPA水疗中心。

（2）半山森林高端商务会议中心

可举行国际论坛，设计具有地标性的会议场所，提供可视会议系统及高端商务服务。

① 会议设施部分

a.超大会议厅6200m^2，可容纳3000人。

b.大会议厅约2200m^2，可容纳1500人。

c.中会议厅2个，约1500m^2，可容纳800人。

d.共享大厅长约300m，宽约80m，高约24m。大厅内设接待大堂、多功能厅、会议中心及临水风情的酒吧。

② 星级酒店群部分。超五星级宾馆客房，共约5800套。

③ 餐饮设施部分。可容纳3000人就餐，包括中餐厅、西餐厅、风味餐厅、沿湖休闲餐厅酒吧、咖啡吧及雪茄吧。

④ SPA洗浴中心部分。面积约3000m^2，包括温泉浴池、标准恒温泳池和健身桑拿池等，以及设施一流的休息按摩区、咖啡茶座和极具私密享受的独立套房。

（3）研发展示基地

以度假娱乐为主，自然生态观光为辅，利用优质的自然条件，结合××市××区高新技术产业、装备制造业、空港经济产业和商贸物流产业集中发展的优势，全力推出以"商务接待、会议培训、展示研发"为主体的旅游项目，建设区位优越、配套完善的高标准的商务接待、会议培训、研发展示基地，包括技术研发中心、会议展示中心及其配套项目等设施。

2.商业配套——山地民俗精品街、特色美食街、音乐广场

山地型旅游度假区可设置山地民俗精品街、特色美食街、音乐广场、酒吧街等山地特色商业配套项目，并采用开敞或半开敞的空间形态设计，以充分利用山林景观优势。

以下为某山地型旅游度假区的商业配套开发设计思路。

本度假区设有音乐广场酒吧、商业街、游客接待中心等商业配套。

① 幽谷之中，山林环抱，以半开敞的空间形态设计音乐广场酒吧，满足游客对公共生活的需求，聚欢声笑语回荡灵山秀水间。

② 东部小镇特色商业街设置"莲"形水下特色餐厅。

③ 游客接待中心集中体现本项目的文化内涵、主题特色以及项目品质，是游客集散、形象展示的重要基地，提供码头水路集散、陆路巴士转换、游客信息问询、项目精华展示、项目旅游信息更新等功能。

九、旅游线路类型

山地型旅游度假区可开发的旅游度假项目具有多样性，可根据游客喜好设计山地运动、山地养生、山地观光、山地休闲等特色旅游线路，也可设计适合不同季节、满足不同消费档次的游客旅游线路。

以下为某山地型旅游度假区设计的旅游线路设置。

（1）按三日游时

表1-8为按三日游设置的旅游项目。

表1-8　按三日游设置的旅游项目

类型	项目
第一天	××山旅游项目
第二天	高尔夫、温泉、桑拿、瑜伽、武术、风情小镇
第三天	森林健身步道、自行车、登山、森林探险、野战游戏、绿色食品体验

（2）按一日游时

表1-9为按一日游设置的旅游项目。

表1-9　按一日游设置的旅游项目

类型	项目
白天	××山旅游项目、高尔夫、遛马、瑜伽、武术、森林健身步道、自行车、登山、森林探险、野战游戏、风情小镇
夜晚	小镇风情街、广场酒吧、温泉、桑拿、响板洗脚、农家晚会

（3）按特色游线类型

表1-10为按特色游线类型设置的旅游项目。

表1-10　按特色游线类型设置的旅游项目

类型	项目
山地观光	××山旅游项目
山地休闲	高尔夫、温泉、桑拿、遛马、风情小镇
山地养生	瑜伽、武术、绿色食品
山地运动	森林健身步道、自行车、登山、森林探险、野战游戏

（4）按客群消费对象

表1-11为按客群消费对象设置的旅游项目。

表1-11　按客群消费对象设置的旅游项目

类型	项目
高端消费	高尔夫、书院、风情小镇
中端消费	高尔夫、温泉、桑拿、瑜伽、武术、书院、风情小镇
大众消费	书院、遛马、森林健身步道、自行车、登山、森林探险、野战游戏、风情小镇

（5）按全年游时

表1-12为按全年游时设置的旅游项目。

表1-12　按全年游时设置的旅游项目

季节	项目
春季	××山旅游项目、高尔夫、桑拿、书院、自行车、登山、森林探险、野战游戏、风情小镇
夏季	××山旅游项目、高尔夫、书院、遛马、瑜伽、武术、森林探险、野战游戏、风情小镇
秋季	××山旅游项目、高尔夫、温泉、桑拿、书院、瑜伽、武术、风情小镇
冬季	××山旅游项目、温泉、桑拿、风情小镇

第二章

乡村田园型旅游度假区开发

第一节　乡村田园型旅游度假区开发条件与开发模式

第二节　乡村田园型旅游度假区特色定位与规划布局要点

第三节　乡村田园型旅游度假区产品开发方向

乡村田园型旅游度假区开发是指依托优美的乡村田园风貌、良好的自然生态环境、生态农业产业以及乡土人文风情等自然景观与人文资源，而进行的乡居度假物业、乡村观光、农事体验、乡村娱乐、科普教育、餐饮购物等乡村特色旅游产品的开发。本章结合具体的案例对乡村田园型旅游度假区开发的前提条件与开发模式、乡村田园型旅游度假区的特色定位与规划布局要点、乡村田园型旅游度假区产品开发方向等内容进行阐述。

第一节
乡村田园型旅游度假区开发条件与开发模式

一、开发条件

对于乡村田园型旅游度假区，其成功开发离不开良好的乡村特色旅游资源条件、庞大的乡村旅游度假市场以及乡村旅游发展的政策支持等条件。

1. 乡村特色旅游资源条件

具有与都市风格截然不同的乡村特色旅游资源是开发乡村田园型旅游度假区的重要前提条件，具体包括乡村田园自然风貌、生态环境、多样化农业资源、乡土民俗风情等。

以下为某乡村田园型旅游度假区的乡村特色旅游资源开发条件。

本项目是以生态筑基，休闲度假主导，生态人文、休闲宜居、多元活力的片区级复合旅游度假目的地。

（1）生态多元

植物、动物、自然景观多元呈现

① 植物生态资源，包括香水百合、薰衣草、玛格丽特花等。

② 动物生态资源，包括柯莉黛绵羊、黑山羊、安哥拉斯牛、日本和牛等。

③ 自然景观资源，包括××山、××国家公园。

（2）人文多元——军史、农垦、民族、原住民文化多元传承

包括××异域"游击队"的军史文化，荣民、道班开垦文化，××边疆

少数民族文化以及××山新移民文化等多元文化的传承。

（3）休闲多元

生态休闲、文化休闲、农业休闲、民俗休闲多元绽放。

2. 庞大的乡村旅游度假市场

随着人们工作压力的加大和生活节奏的加快，乡村旅游的市场需求在不断扩大，久居喧嚣城市的人们渴望回归优美的田园风光和宁静的乡村生活，走进空旷的田野，回归绿色环抱的大自然已成为一种时尚和趋势，"住农家屋、吃农家饭、干农家活、享农家乐"成为许多都市人体验乡村生活意境的向往。

以下为某山村田园型旅游度假区的乡村旅游度假市场开发设计思路。

（1）生态农业旅游蓬勃发展

农业旅游作为一项新的旅游项目，已成为世界潮流。它源于欧洲的西班牙，20世纪60年代初，有些西班牙农场把自家房屋改造装修为旅馆，接待来自城市的旅游者前往观光度假，被认为是农业旅游的起源。近年来，国外农业旅游又向深层次发展，旅游者由过去的欣赏结果，变为参与过程，真正体验农活。

如一些旅行社提供"插秧割稻旅行"或"采茶旅行"，利用假期，组织城市游客到农村和农民共同生活、学习插秧和采茶、体验耕种和收获、分享农家乐。在收获的季节，旅行社会选出一小包稻米或茶叶给游客寄去，让大家亲口尝一下自己的劳动果实。如今，在日本、瑞士、我国台湾等地出现了更高级的农业旅游形式：租地自种。城里人在乡下租一块"自由地"，假日里到乡下的"自家地里"翻土耕种，施肥浇水，平时则由农场主负责照看农园。

① 马来西亚。马来西亚围绕建设农业旅游，十分重视花卉旅游业，从1992年起，将7月2～9日定为一年一度的花卉节，在花卉节期间举行各种花展、花竞赛、花车游行。各购物中心、酒店也以花为主题，生动形象地宣传花卉。随着花卉生产的兴起，政府与有关部门紧密结合，实现花卉生产基地化、专业化。将花卉节与旅游紧密结合起来，使之既生动又丰富，从而吸引了国际上更多的游客，推动了旅游业务。

② 法国。20世纪70年代法国兴起了城市居民兴建"第二住宅"，开辟人工菜园的活动。各地农民适应这一需求，纷纷推出农庄旅游，并组建了全国性的联合经营组织。近年，法国人推出新兴的"农庄旅游业"，全国有1.6万

户农家建立起了家庭旅馆。3000多家农民还组成了一个联合经营组织，取名为"欢迎您到农庄来"，吸引了众多的游客。这种新兴的绿色度假旅游活动方兴未艾，每年可以给法国农民带来700亿法郎的收益，相当于全国旅游业收入的1/4。

③ 美国。美国每年参加农业旅游的人数达到2000万人次，政府还制定了相关法律法规，以保证农业旅游的健康发展。"瓜果塑造""庄稼人艺术画"等乡间艺术也颇受游客青睐。最著名的作品是依梵高的名画《向日葵》创作的20英亩（1英亩＝4046.86m^2，下同）的"庄稼画"。10多英亩盛开的向日葵组成画中的葵花，蓖麻组成花瓶，大豆为台布，游人可以在飞机或附近高山上领略它的艺术魅力。

④ 日本。日本各地观光农业经营者们成立了协会，各地农场结合生产独辟蹊径，用富有诗情画意的田园风光和各种具有特色的服务设施，吸引了大批国内外游客。旅行社开发了丰富多彩的农业旅游产品，组织旅游者春天插秧，秋天收割，捕鱼捞虾，草原放牧，牛棚挤奶。参加者有农牧学研究人员、学生、银行职员、公司白领等，人均消费2.5万～4万日元。日本岩水县小井农场是一个具有百余年悠久历史的民间综合性大农场。自1962年起，农场主结合生产经营项目，先后开辟了600余亩（1亩＝667m^2，下同）观光农园，设有动物农场、牧场馆、农具展览馆。

⑤ 意大利。1865年，意大利就成立了农业与旅游全国协会，专门介绍城市居民到农村去体味农业野趣，与农民同吃、同住、同劳作。意大利专供"绿色旅游"者饮食起居的农庄已有6500间。意大利各级旅游部门利用本国本地区丰富的文化遗产和得天独厚的自然条件，吸引了大批欧美、亚洲及其他国家的旅游者，旅游业已成为经济领域的支柱产业之一。在意大利旅游业中，有一支新兴的生力军——农业旅游，也称作"绿色假期"，每年接待的国内外农业旅游者达20万人次。

⑥ 我国。农业旅游在我国是新兴行业。利用农村的设备、空间，农业生产的场所、产品，农业的经营活动、生态保护、自然环境及农村人文资源，通过观赏品尝的趣味性、动手实践的有益性、科普宣传的知识性、生产产品的商品性，既让城市居民及其他游客领略到城市其他名胜风景点所欣赏不到的、大自然的、现代新颖的农业艺术，给他们游乐、休息、健康，得到新奇别致的精神和物质享受，又能促进农业经济发展。

（2）庞大市场需求

据××市政府最新统计数据，2017年××市共有常住人口910万，全市户籍人口838万人，其中城镇人口537.24万人。同时，××市拥有××大学、××科技大学、××师范大学等69所普通本专科高校，100多万在校大学生，成人高校在校学生近12万人。综上所述，××市休闲旅游度假具有庞大的市场需求。

目前××市的主要旅游景点为××楼、××寺、××琴台、××湖风景区、××江滩等历史人文、观光旅游景点，缺乏针对青年游客量身开发的生态休闲度假、农业旅游等景区。因此，近年来，××市周边城市的××水洞、××温泉谷、××汤池温泉、××溪漂流以及各类生态农庄等景区得到了快速发展。在此环境之下，××市境内的××天池作为屈指可数的特色休闲度假景区之一，也获得了市场的热烈追捧，印证了市场庞大需求。

3. 乡村旅游发展的政策支持

乡村旅游是社会主义新农村建设的重要途径，是满足城镇居民回归自然、体验生态的重要方式，也是促进旅游业产业结构调整、优化产业结构的关键因素。政府对于乡村旅游发展的大力支持有利于乡村田园型旅游度假区的开发。

以下为某乡村田园型旅游度假区开发的政策支持。

在总体发展模式上，我国台湾休闲农业是一个乡村旅游、乡村营造和城乡共生互相促进的过程。

1990年：颁布实施"发展休闲农业计划"。

1992年：颁布休闲农业第一部法规《休闲农业区设置管理办法》。

1996年：修订为《休闲农业辅导管理办法》。

1998年：实施隔周休二日的新休假制度。

2000年：将休闲农业正式列入重要农业发展政策。

2001年：推动"一乡一休闲园计划"，即后来的"休闲农业园区计划"。

2002年：发布《民宿管理办法》。

2004～2006年：发展重点转移到提升休闲农业的品质。

二、开发模式

对于乡村田园型旅游度假区，其在开发过程中应充分利用农民资源，让农民参与到旅游度假区的开发与运营中来，并保障农民的收益，同时充分发挥政府、开发企业、村集体、农户等各方的优势条件来进行旅游度假区的开发。

1.开发主体

乡村田园型旅游度假区的开发主体主要包括政府、开发企业、村集体以及农户。其中,政府主要负责度假区的整体旅游规划;开发企业主要负责投资管理、具体旅游开发项目建设以及营销推广等;村集体主要负责协调企业与农户之间的利益,组织农户参与到度假区的开发运营中;农户在经过统一的专业培训之后,主要负责参与民宿经营、旅游产品加工制作与销售等。

以下为某乡村田园型旅游度假区的开发主体及其角色定位。

乡村旅游的开发建设是由多个部分组成的系统综合工程。可以将××乡村旅游整个开发系统参与分为四大部分主体的参与,分别是主管政府、旅游开发企业、村集体和农户。

(1)政府

政府负责旅游规划和基础设施建设,优化发展环境,做乡村旅游发展的先导者。

角色定位:整合项目要素资源,在公共工程、招商引资、营销促销、产业管理上下功夫,按照经济规律,结合长远发展目标,围绕综合利益最大化进行运作。

政府主要负责项目类型及项目细项见表2-1。

表2-1 政府主要负责项目类型及项目细项

项目类型	项目细项
基础设施建设	道路基础设施(S205、一环路、二环路等)
	环卫
	消防
	电力电信
	排水
	给水
规划管理	××镇乡村旅游规划深度策划
	××镇乡村旅游片区控规编制
	××镇土地利用总体规划调整
招商引资	吸引和选择合适的投资商
	监管企业投资行为,避免短视开发行为
农户引导	对农户开展相关乡村旅游培训
	采用量级管理、卫生环保整顿及打造系列品牌等,对各旅游点进行管理

（2）企业

企业总揽投资管理、营销推广，以市场化的手段推进××镇乡村旅游的发展，做区域统筹运营官。

角色定位：进行乡村旅游综合体项目的具体开发，投资企业成为区域统筹运营者。在政府的管理下，以主要投资商的身份，通过土地一级开发、二级招商、泛旅游产业项目开发、度假地产开发等推动乡村旅游项目的开展。

企业主要负责项目类型及项目细项见表2-2。

表2-2　企业主要负责项目类型及项目细项

项目类型	项目细项
农户安置	安排五×村、八×村、×心村及×阳村四个安置点的安置项目建设
	现有散居居民点的拆迁
	项目开发中雇佣××镇的农民，促进农民就业
基础设施建设	—
旅游项目建设	重点建设×木品鉴馆、文化街、国学养心园、××山居园等项目。形成××镇有浓郁特色和吸引力的乡村旅游产品，吸引和招揽旅游者
	把田园休闲、滨水休闲、运动休闲的特色突显出来。通过度假酒店群、休闲街区、运动游乐项目、文化休闲设施、特色餐饮留住游客
	在耕地区域，发展适合××镇的特色产业，如桃树、梨树种植，花卉的种植，通过科技化、规模化、休闲化等经营手段，实现传统农业从简单的种养殖经济向科技型休闲服务业经济转变，促进××镇一、三产业融合发展
	部分休闲地产项目开发。通过盈利水平较高的休闲地产的开发平衡整个乡村旅游项目的投资

（3）村集体

村集体负责组织村民参与乡村旅游的各项主体活动，协调企业和农民的利益，做××镇乡村旅游的协调者。

角色定位：明确自身定位，将农业、农民和农村发展结合起来，使旅游业成为乡村重要的产业和社区经济内容。同时，创造农民参与利益分配机制，使农民成为乡村旅游积极发展的受益者。

村集体主要负责项目类型及项目细项见表2-3。

（4）农户

农户参与旅游接待、制作销售旅游产品和自主经营餐饮、运输、农副产品，做乡村旅游的积极参与者和受益者。

表2-3　村集体主要负责项目类型及项目细项

项目类型	项目细项
决策参与	选择能被农民接受的参与旅游发展模式。在开发住宿、餐饮接待设施，组织文化旅游活动过程中，村集体作为村民的代表，可以参与到开发企业的决策过程，协调企业和农民的利益关系，集体内形成开放的民主制度，决策过程平等开放，农民有较高的参与度，确保××乡村旅游政策的制定以提高村民生活质量为目的
集中土地资源	五×村、八×村、×心村和×阳村村委会和旅游开发投资企业协商合作模式，企业与村委会形成类似合伙关系的组织方式，可通过租地、认养、代种代营等方式发展观光农业
共同经营农业资产	××镇农民出土地和宅基地，旅游开发投资企业出资金，企业和村委会共同经营农业资产，共同享有生产获得的收益和成果

角色定位：提供自身的农业要素资源，通过农业资源价值的释放，得到更多的就业机会，并参与到乡村旅游开发中的各项事务，同时也享受更加完善的公共服务，享受发展的红利。

农户主要负责项目类型及项目细项见表2-4。

表2-4　农户主要负责项目类型及项目细项

项目类型	项目细项
集中居住	农户集中在项目预留的四个安置点居住，实现居住环境和配套设施的改善，集中起来的农村聚落在保持乡村聚落景观特色的基础上，发展餐饮、娱乐和乡村居住等功能
本地化就业	到生态度假园、文化街等项目所创造出来的大量岗位就业，通过培训增加自身技能，实现农民向农业工人的转换
自主经营	有条件的农户按照规划要求创办家庭餐馆、家庭旅社、民宿客栈，广泛投入"游、购、娱、吃、住、行"等旅游要素。给文化街、部落小镇等提供商品和服务，给饭店提供商品和服务

2. 模式创新

乡村田园型旅游度假区可以采用在不利用国有土地建设指标的前提下，使用集体建设的用地及承包地的方式来开发旅游度假区。农民通过经济合作社将承包地租赁给开发企业，开发企业可以综合采用股金收益、租金收益、薪金收益等多种方式来分配农民的收益，并引进旅游运营管理公司来进行相关旅游项目的经营管理。

以下为某乡村田园型旅游度假区的开发运营模式。

本项目的建设，将在××河经济带区域形成主题休闲度假旅游产业、总部、特色农业产业等主要产业形态,实现一、三产业良性互动发展。

(1) 休闲度假旅游产业

按照国际一流的概念规划方案,引入国际知名旅游运营管理公司、高科技游乐厂商和实力商家,发展特色现代服务业。通过产业培育,项目发展成为集休闲度假、游乐观光、消费购物、娱乐体验为一体的国际化休闲度假产业新区,促进旅游产业发展,延伸旅游产业链条,发展艺术产业、教育产业、创意产业、会展产业,将吸引约500万人次前来观光旅游,预计每年可形成旅游产值4亿元人民币,每年形成税收约3000万元。项目将拉动相关上下游产业链的发展,间接形成产值约4亿元。

(2) 创意总部

通过有效的规划布局,××河生态旅游经济休闲将打造集影视、艺术、娱乐等产业为一体的创意总部,创意总部将在国内外广泛招商,通过引进不同行业的领袖企业入驻,通过产业的规模生产、资源有效合作以及技术的有效整合,最大化挖掘产业的聚集效应、裂变效应以及由此带来的效益增值,实现××乡休闲旅游经济从量到质的转变。

(3) 现代都市农业示范区

农民通过经济合作社将承包地租赁给××产业发展公司,用于发展都市现代农业。公司通过成立农业产业发展公司或引进具有国际先进水平的高科技农业企业、科研院所、国际农业相关机构(如国际粮农组织),发展观光旅游农业、高附加值农业、农产品物流业、产品深加工业,形成集农业科研、花卉、苗木、蔬菜的现代化种植为一体的高标准都市现代农业示范区。

为了支持农业产业化发展,××乡文化旅游产业发展集团、××置信公司以其在本项目经营中所分得利润的10%作为农业产业化基金,支持都市现代农业产业化发展。为提高农产品附加值,公司还将利用新农村基金,引进农产品精加工企业到规划区域,延伸农业产业链,提升农产品附加值。

(4) 农民受益

① 股金收益

a. 集体建设用地流转收益扣除相关的费用后,留存的部分可投资到产业发展公司,产业发展公司按照每年12%支付固定回报。

b. $8m^2$/人的商业股权用房出租,农民获得固定股权红利收益。

② 租金收益。农民将承包地量化为股权加入经济合作社,每亩每年将获得600千克大米相应价值的租金收益。

③ 薪金收益。项目所涉旅游产业项目、农业产业化项目将提供上万名务工岗位，能解决该区域符合条件的人员就业，同时产业公司将建立完善的培训制度，定期对农民在文化知识、就业技能等方面进行专题培训，提升素质，促进其就业工作，每位务工人员可实现10000元/年的务工收入（含福利）。随着国际休闲度假产业新区的建设与运营，农民还可以参与到旅游相关产业项目的经营和自主创业，获得经营收益。

④ 社会保障。率先实现全员社保，产业发展公司按10000元/人农民社会养老保险补贴支付给村（社区）集体经济合作社，由村（社区）集体经济合作社根据《××市××区农民养老保险试行办法》文件精神，确保项目区农民有条件地参加农民养老保险。

图2-1为该项目模式结构。

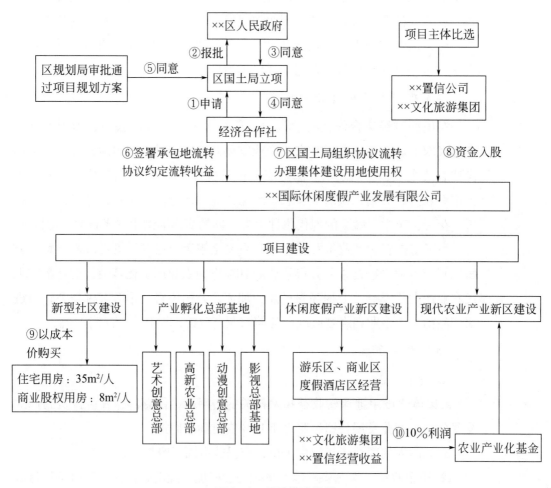

图2-1　项目模式结构

第二节
乡村田园型旅游度假区特色定位与规划布局要点

一、特色定位

依托乡村所独有的特色资源,如具备浓郁的地域乡土民俗风情、生态养生文化资源、农业资源等突出的特色资源优势,可以将其分别打造为以地域民俗风情、生态养生、都市生态农业、国际化乡村田园为主题的乡村田园型旅游度假区。下面结合具体的案例对乡村田园型旅游度假区的不同定位方向进行阐述。

1.地域民俗风情特色的乡村田园型旅游度假区

对于具有少数民俗风情、客家风情等丰富地域特色民俗风情的乡村,可以当地民俗文化为核心来进行项目的定位,比如打造客家风情乡村旅游度假胜地、异域风情乡村旅游度假区等。

以下为以客家风情为核心的某乡村田园型旅游度假区特色定位与规划布局。

（1）市场定位

××村发展旅游不仅有良好的外部条件,也有多项发展旅游的自身优势。结合现状条件,××村的市场定位为:以发展乡村旅游、观光旅游为先导,逐步发展生态旅游、度假旅游、体验旅游。

××村在××市旅游发展体系中,具有以下定位。

① 客家文化旅游度假地。以山地、河流、湿地、鱼塘、田园、客家古村镇区别于苏州水乡的小桥、流水、人家,成为面向珠江三角洲、全省乃至省内外的旅游度假地。

② 以观光、休闲为主的郊野风景区。为珠江三角洲地区城市市民提供返璞归真、回归自然的休闲空间和丰富的郊野活动内容。

③ 区域旅游度假基地。××村可以利用度假地的建设满足家庭旅游、民俗旅游、度假旅游等为主的旅游接待需要。

（2）形象塑造

××村整体形象是富有浓郁客家风情的客家乡村度假胜地。

未来××村的崭新面貌如下。

① 风景如画的自然风光。××村既有优美的山水自然风光，又有丰富的客家文化。对游客的主要吸引力在于客家风情和田园风光。对于以珠江三角洲地区为主、日渐富裕的城市居民而言，回归自然、返璞归真是最好的放松和休息。

② 热情好客的客家村落。环境宜人的城市休闲空间，森林、湿地、水乡、田园等近在家门。××村风景区的参与性活动、观光休闲等将成为市民的度假首选。

③ 健康、明媚、充满活力的森林湿地。这里是动植物共生的理想家园。风景区内可以开辟封闭独立的生态保护地，为动物和植物提供生息的家园。

（3）客源市场

① 启动市场（区域市场）。以珠三角地区为基础的客源市场。珠江三角洲地区经济实力雄厚，居民生活水平高，旅游需求量大，有较强的旅游休闲动机和可自由支配收入，市场潜力巨大，是××村旅游业需要重点培养的核心市场。应面对这一消费群体，举办"休闲度假好去处""假日观光新亮点"等展示会，开发"一日游""两日游"等类型的假日旅游市场，使珠江三角洲地区成为××村稳定的客源市场。

② 发展市场（200km范围以外的省内市场）。以广东省内游客为主的旅游客源市场。近年来，"广东人游广东"的活动推动了广东省内短线旅游的发展，也拓展了省内旅游市场。××村可借此东风，以省内的热点热线带动本地旅游业发展。

③ 拓展市场（全国市场）。在广东省内市场的基础上，还可以地域相近、资源相异、线路畅通等为原则，将江西、湖南、福建作为中程市场，将国内其他地区作为远程市场进行开发。开拓与接待的重点为节假日度假人群、会议群体、疗养群体。

2.生态养生特色的乡村田园型旅游度假区

对于具有良好生态自然环境以及养生文化的乡村，可以以生态养生为主题，重点发展养生产业，可以打造生态养生产业，打造生态养生特色的乡村田园型旅游度假区。

以下为以生态养生为主题的某乡村田园型旅游度假区定位。

（1）总体定位

总体定位为中国式养生主题度假小镇、东方慢动乐活体验小镇。

（2）理念阐释

① 中国式养生

a.以养身（生理层面）、养心（心理层面）、养神（精神层面）三位一体的"中国式养生"系统

（a）道文化：身心双修，修心为主。

（b）儒家文化：心神兼练，以神为主。

（c）川西文化：饮食、求和、变化。

（d）巴蜀文化：平和、淡泊、无争。

b.中国式养生理念与成都的气质不谋而合

（a）成都的独特气质：中国休闲之都；休闲人口多、休闲设施多；成都人的幸福指数在全国排名前列；人情味最浓的城市。

（b）中国式养生的核心内涵：天人合一；道法自然；性命双修；养生与养心。

（c）中国式养生与成都的核心气质完全吻合：幸福的心态；宽松的生活氛围；健康的身体。

（d）中国式养生丰富和提升了成都的休闲气质，强化了成都休闲的品牌，符合建设世界现代田园城市的目标。

c.中国式养生具备庞大的产业链条

（a）养生产业：养生研发机构、养生培训机构、养生草药基地、养生功法、养生器械、养生食品、养生饮品、养生服饰、养生艺术品等，创办和经营养生堂、养生店、养生屋、养生别墅等。

（b）养生产业从业人群：养生顾问（咨询业）、养生保姆（康疗业）、养生教练（运动养生业）、养生陪伴（养老业）、养生厨师（餐饮业）、养生导游（旅游业）、养生艺师（文艺养生业）、茶道师（茗茶养生）、水疗师（水疗养生业）传播全息养生学知识。

（c）养生产业消费目标人群：以育龄男女为起点，以政府官员、知识分子、企业家为主体，以老年为重点建立目标消费人群，发展养生产业，保护生命成果。

（d）养生产品：运动养生（太极养生）、文艺养生（兰草养性）、道家养生（吐纳养息）、设施养生（温泉SPA等）、中医养生（养内固外）、食物养生（机体调理）、生态养生（天人合一）。

d.草药、中医、药膳是中国式养生的主要载体

（a）积极（基础）：丰富的中草药种植、5000年的中医系统、2000年的道医系统、5000年的药膳系统。

（b）消极（机会）：缺乏科学完善的中草药种植标准、中医系统来自西医系统的排斥、药膳知识未普及、专业人才匮乏、中医药产业发展缺少规模体系。

② 慢动乐活

a.慢动生活方式

（a）核心：放松心情、从容聚会、享受美食、独特方式。倡导一种优雅从容的慢生活，从慢中体味休闲真谛。

（b）慢动方式：拒绝现代"汽车"，远离垃圾"快餐"。

b.山水乐活情调。倡导健康、快乐、可持续的生活方式。回归自然，在忘情山水之中恢复健康和快乐。

（3）市场定位

① 市场定位取向

a.以中高端市场为主。

b.兼顾大众家庭市场的需求。

c.照顾个性化体验市场的需求。

② 客群细分定位

a.成渝区域：企业家群体、外企高管群体、家庭休闲度假群体、银发旅游群体、会奖旅游群体、度假消费（第二居所）置业群体、养老度假置业群体。

b.全国区域：企业家市群体、外企高管群体、会奖旅游群体、家庭休闲度假群体、度假投资置业群体、修学旅游群体、婚庆蜜月度假群体。

c.国际区域：道学文化体验群体、银发养老旅游群体、会奖旅游群体。

3.都市生态农业特色的乡村田园型旅游度假区

对于位于城市周边的生态农业发展条件良好的乡村，可以生态农业为核心打造供游客观光参与的生态农业旅游项目。

以下为以都市生态农业为核心的乡村田园型旅游度假区定位。

本项目特色定位：富有都市农业特色的生态旅游度假示范区。

本项目的旅游开发定位为农业生态旅游度假，更便于凸显鲜明的城市形象，形成游客市场的错位竞争，有利于避开在长江三角洲旅游市场上由于旅游内容的类似和观光景点的重复而造成的资源浪费和恶性竞争，同时带动以江×洲风景区、八×洲风景区、潜×洲风景区为主体的××市都市边缘沿江旅游带的开发和建设。

生态观光农业现已成为国际性的朝阳产业。在许多发达国家和发展中国家，走进空旷的田野、回归绿色环抱的大自然已成为一种时尚和趋势。造就田园生态风光，在不破坏田园绿野、自然生态的原汁原味的情况下打造集生产与生态、观赏与休闲为一体的现代农业生态旅游度假胜地的环境规划理念，已经被广泛地运用到很多国家和地区的土地开发整合和资源保护项目中。

本项目是××市都市化农业示范基地，1999年开始举办的"葡萄节"已经成为××市四大节庆活动之一，本项目的当前经济基础和农业发展条件决定了打造富有都市农业特色的生态旅游度假区是本项目获得可持续发展的最佳途径。

4. 国际化乡村田园型旅游度假区

乡村田园型旅游度假区可以吸引全世界乡村旅游客群为目的，打造符合国际化服务标准的高端度假业态和突出本土文化的乡村旅游产品。

以下为某国际化乡村田园型旅游度假区思路与定位。

（1）突破思路

① 功能：精致版乡村度假。恬淡乡旅度假、精致民宿驿站、梦幻主题乐园、高端养老养生、乐活山地运动。

② 文化：最本土文化体验。三国文化、乡土农耕文化、田园诗赋文化、绵阳科技文化、民俗信仰文化。

③ 配套：全生命周期服务配套体系。吃住行游购娱全体系，国际化适老、无障碍设施配套，以儿童为中心的家庭休闲主题配套。

④ 社区：可持续乡村营造平台。自下而上的村民参与机制，集体经济组织的村庄自组织结构，生态、社会、文化永续发展的乡村社区。

（2）战略定位

国际乡村旅游度假区——体现国际标准的乡村主题度假区和世界级乡村旅居目的地。

（3）形象定位

荟萃山、水、林、丘、田、湾、沟、谷、径，乡土人家绘就桃源。品文化、畅养生、赏山水、乐健体、悦颐养，休闲乐土营造梦游仙境。

（4）客群定位

① 机会客群。以四川省外的国内客群和入境客群为主，省外客群主要包括京津冀、山陕地区、长江三角洲地区、珠江三角洲地区、山东半岛等地客群，入境客群以港澳台和亚洲市场为主。

② 重点客群。以"大成都旅游区"的市场为主，围绕成都，辐射德阳、遂宁、乐山、雅安、资阳和眉山。

③ 基础客群。以××市及周边区县的市场为主，立足××区，辐射开发区及六县。

二、规划布局要点

乡村田园型旅游度假区的用地类型较为复杂，包括农田、林地等禁止建设用地和居住用地、商业用地等建设用地。在进行规划布局时，应根据不同性质土地的分布特点，进行用地规划、整体规划布局以及内部交通规划等。下面结合具体的案例对乡村田园型旅游区开发的各项规划要点进行阐述。

1. 用地规划要点

乡村田园型旅游度假区的用地类型包括了大量的农林用地，在进行用地规划时，应充分考虑地形植被等建设的适宜性、建设用地指标置换的难易程度以及相关的规划要求等方面的问题，并重点考虑村民安置的用地需求，可以通过预估村民安置人口来预估相应的安置用地面积。

以下为某乡村田园型旅游度假区的用地规划。

（1）土地利用规划叠加分析

适宜建设区面积为3634亩，较适宜建设区面积为4322亩，合计约8000亩。基于适宜分析结果叠加土地利用规划信息得出允许建设区面积为3590亩，有条件建设区面积为2015亩。

（2）组团用地分析

组团用地分析见表2-5。

表2-5　组团用地分析

组团化布局		组团面积/亩	用地指标情况/亩			用地建设情况/亩		
			允许建设区	有条件建设区	暂无指标	水域面积	已有建设面积	可用于旅游发展的用地面积
两谷	马×沟	1147	434	0	713	33	276	838
	左×沟	1104	259	0	845	100	162	842
三区	北部片区	762	0	0	762	23	0	739
	中部片区	1014	0	0	1014	24	51	939
	南部片区	4036	2039	1708	289	11	323	3702
总计		8063	2732	1708	3623	191	812	7060

（3）预留安置区用地分析

由于尚未统计已有宅基地面积的具体数据，本方案主要基于待安置人口估算预留面积，并在旅游发展用地中充分预留。

① 预留安置区用地规模的初步建议。人口预估说明：研究范围内涉及紫×村、×星村、八×村和一×村。

经调研数据，紫×村集中居住已达80%，仅剩100多散居农户，预计待安置400人；其余三个村落由于尚未获取具体的安置人数，则以全部集中安置为计算标准，预计安置5187人。

面积预估说明：当前紫×村已建成集中安置区建筑为2～6层，并以6层居多，容积率约为0.8～1.2。基于与现状相协调的前提，预留安置区用地以平均水平即容积率为1进行预估。

② 预留安置区用地选址的初步建议。由于××水库周边等区域的集中居住区布点规划方案尚处于研究阶段，本选址是基于综合考虑与现有安置区对接、村民出行便利性、组团化发展等因素形成的初步设想。

表2-6为本项目涉及村落安置用地预估。

表2-6　本项目涉及村落安置用地预估

涉及村落	安置人口预估/人	安置面积标准/m²	安置面积预估/m²	安置用地预估/亩
紫×村	400	50	20000	30
一×村	2572		128600	193
八×村	1382		69100	104
×星村	1233		61650	92
总计	5587	—	279350	419

（4）旅游发展用地指标情况及选址初步建议

表2-7为本项目各组团旅游发展用地指标情况及选址初步建议。

表2-7　本项目各组团旅游发展用地指标情况及选址初步建议

组团化布局		组团面积/亩	用地指标情况/亩			预留安置用地/亩	乡村旅游备用地/亩
			允许建设区	有条件建设区	暂无指标		
两谷	马×沟	838	355	0	483	30	808
	左×沟	842	219	0	623	0	842
三区	北部片区	739	0	0	739	92	647
	中部片区	939	0	0	939	104	835
	南部片区	3702	1710	1637	355	193	3509
总计		7060	2284	1637	3139	419	6641

（5）土地开发建议

表2-8为土地开发建议。

表2-8　土地开发建议

组团名称	地块编号	用地性质	用地性质	地块面积/m²	地块面积/亩	组团面积/亩	合计
马×沟	A-01	U1	供应设施用地	15912	23.87	880	
	A-02	R	居住用地	26881	40.32		
	A-03	A2	文化设施用地	81892	122.83		
	A-04	A2	文化设施用地	88279	132.41		
	A-05	B3	娱乐康体设施用地	56621	84.93		
	A-06	B3	娱乐康体设施用地	42742	64.11		
	A-07	B3	娱乐康体设施用地	66017	00.02		
	A-08	R	居住用地	61644	92.46		
	A-09	R	居住用地	24766	37.15		
	A-10	B	商业用地	16718	25.08		
	A-11	B	商业用地	22031	33.05		
	A-12	B	商业用地	29755	44.63		
	A-13	R	居住用地	53456	80.18		
左×沟	B-01	B3	娱乐康体设施用地	70898	106.34	856	
	B-02	B9	其他服务设施用地	80990	121.48		
	B-03	R20	安置房用地	15515	23.27		
	B-04	R	居住用地	103240	154.85		
	B-05	R	居住用地	97138	145.70		
	B-06	R	居住用地	28947	43.42		
	B-07	B	商业用地	34946	52.42		
	B-08	B	商业用地	17685	26.53		
	B-09	B	商业用地	23179	34.77		
	B-10	R	居住用地	98286	147.42		
北部片区	C-01	R20	安置房用地	88682	133.02	640	
	C-02	R	居住用地	35972	53.95		
	C-03	R	居住用地	85304	127.95		
	C-04	R	居住用地	100948	151.41		
	C-05	R	居住用地	115537	173.30		

续表

组团名称	地块编号	用地性质	用地性质	地块面积/m²	地块面积/亩	组团面积/亩	合计
中部片区	D-01	B3	娱乐康体设施用地	112459	168.68	921	
	D-02	B3	娱乐康体设施用地	41635	62.45		
	D-03	B3	娱乐康体设施用地	39572	59.36		
	D-04	B3	娱乐康体设施用地	37457	56.18		
	D-05	R20	安置房用地	105361	158.03		
	D-06	R	居住用地	82275	123.41		
	D-07	R	居住用地	195595	293.38		
南部片区	E-01	E2	农林用地	148315	222.46	3188	6485
	E-02	E2	农林用地	41855	62.78		
	E-03	E2	农林用地	82437	123.65		
	E-04	E2	农林用地	94290	141.43		
	E-05	B	商业用地	17383	26.07		
	E-06	A3	教育科研用地	260665	390.98		
	E-07	R	居住用地	145504	218.24		
	E-08	R	居住用地	224567	336.83		
	E-09	R	居住用地	22427	33.64		
	E-10	B	商业用地	67408	101.11		
	E-11	R	居住用地	48817	73.22		
	E-12	R	居住用地	86044	129.06		
	E-13	G1	林地	33542	50.31		
	E-14	R	居住用地	54694	82.04		
	E-15	R	居住用地	55137	82.70		
	E-16	B	商业用地	21464	32.19		
	E-17	R	居住用地	59649	89.47		
	E-18	R	居住用地	65100	97.65		
	E-19	R	居住用地	63616	95.42		
	E-20	R20	安置房用地	76217	114.32		
	E-21	G1	林地	28152	42.23		
	E-22	R	居住用地	58283	87.42		
	E-23	E2	农林用地	369646	554.44		

（6）土地开发用地布局建议

表2-9为土地开发用地布局建议。

表2-9　土地开发用地布局建议

土地利用类型	规划用地指标/亩	其中新增用地面积/亩
居住用地	2991	2706
商业用地	376	376
娱乐康体设施用地	701	701
其他服务设施用地	121	121
安置房	428	428
文化设施用地	255	255
供应设施用地	24	0
农林用地	1105	0
林地	93	0
教育科研用地	391	0
合计	6485	4587

2.整体规划布局要点

乡村田园型旅游度假区的整体规划布局要注意以下要点。

① 结合村庄的地脉、文脉、水系林带来设计景观轴线，根据农、林、牧、渔的分布特点来进行整体布局。

② 保护原有乡村田园的自然风貌，突出生态性。

③ 田园景观与民俗文化相融合，突出地方特色文化。

以下为某乡村田园型旅游度假区的整体规划布局。

本项目整体规划布局理念包括以下几点。

① 结合青年人群的消费习惯与个性需求，充分利用地块的地势、自然资源等特色，规划设计特色鲜明的建筑配套、农场、牧场，注重道路、建筑、花卉、果树之间的色彩搭配、艺术性，注重互动性、参与性、趣味性，让其成为青年群体万众期待的休闲旅游天堂。同时体现中国青年科技新市镇的文化内涵，彰显项目青春、科技、活力的特色。

② 旅游休闲为主，农业观光为辅，结合现有村庄开发特色农庄旅游，将

园区分为九大功能区：入口区、生态农业体验区、植物观赏区、牧场体验区、湿地展示区、运动休闲区、教育拓展区、民俗文化区、民俗农庄区。

③ 通过融入当地历史文化、民居等地方文化内涵形成园区特色，并考虑生态可持续发展的计划与设计，提高景观的丰富性，演绎四季绚丽色彩，保障景观色彩的多样性。园区整体设计，需空间开合，井然有序，体现人与自然、人与园区、人与人之间的和谐共生，营造水滨湿地、果岭、梯田等多重景观，同时在各景观组团中点缀、穿插丰富多彩的运动休闲设施，使之相映成趣，相得益彰。

3.内部交通规划要点

乡村田园型旅游度假区的内部交通规划要注意以下几个要点。

① 充分利用乡村原有道路基地，既可以降低成本，又可以减少各景观景点的开发对农业生产及原有植被的破坏。

② 沿各景观景点设置车行游览专道和健行步道。

③ 选用低碳环保的筑路材料，如采用沥青混凝土路面和生态透水砖、鹅卵石等作为人行道铺砖材料。

以下为某乡村田园型旅游度假区的内部交通规划。

本项目内部交通规划设想如下。

① 项目主要通过北部的××公路与外界联系，区域内部没有过境路，因此景区内部交通不受外来车辆的干扰，可以自成系统。入口景观道路连接景区外围道路，为进入景区必经之路。车流量大，规划设计断面为"两块板"（双幅路的俗称，是城市道路中的一种形式，在车道中心用分隔带或分隔墩将车行道分为两半，上、下行车辆分向行驶），避免来往车辆相互干扰，中间绿化带既可以起到美化的作用，也可以作为宣传××村新形象的窗口。

② 禁止大巴进入景区内部，只允许少量私家车进入景区。

③ 为保护景区环境，建设一个电瓶车系统，包括车道、电瓶车站和服务中心。

④ 项目内的微循环道路主要分为四个等级：主要道路、次要道路、自行车道、片区步行道路四个等级。

a.主要道路。主要贯穿整个项目，将各分片区串联起来，是一条旅游观光线路，也是疏散内部交通的主要道路。内含车行道与自行车道，两者之间用绿化带隔开，遇不干扰，红线宽度9.5m。

b.次要道路。在静态区域，特别是片区内主要景点承担交通功能，自行车与其他车型混行。红线宽度5.5m。

c.片区自行车道。沿内部景观节点形成环道，满足游客休闲观光的需求。红线宽度3～4m。

　　d.片区步行道路。沟通景区内部各个景观节点。红线宽度1～2m。

　　环形主要道路为整个规划区的骨架，通过次要道路将车行交通引入各分块片区。次要道路和步行交通分离，避免人车混行带来的干扰，保证交通系统的畅通与安全。

　　道路设计强调对景与转折，以形成步移景异的空间变化。道路及铺装根据不同功能选取不同的材质。如主要车行道为沥青路面，人行道、园林小道可采用青石板、鹅卵石等材料铺砌，停车场采用植草砖，以丰富区域景观。

第三节
乡村田园型旅游度假区产品开发方向

　　乡村田园型旅游度假区具有良好的生态环境、优美的乡村田园景观、健康的有机农产品、农家菜、浓厚的乡土风情等，依托这些特色的乡村资源，其可开发的产品类型主要包括乡居度假物业、生态农业观光与体验产品、乡土风情文化体验产品、乡村运动娱乐休闲产品以及其他相关的配套设施等。本节将结合具体的案例对不同产品类型的开发思路进行阐述。

一、乡居度假物业

　　利用乡村资源和景观价值，可以综合开发多种物业组合，不同风格度假物业营造不同的生活方式，满足不同层次游客的多样化需求，比如可以打造乡居景观别墅、精品酒店等高端休闲度假居住物业；乡村特色民宿；农场小屋、帐篷酒店等个性化乡村酒店；乡村疗养度假区；农民新型社区等多种不同类型的度假物业。

1.高端休闲度假居住物业

　　依托乡村的自然生态景观，可以打造园林式的院落居所和度假景观别墅等高端休闲度假居住物业，并通过人性化设计和提供齐全的配套设施，满足高端游客休息、享受乡村悠闲生活的居住需求。

以下为某乡村田园型旅游度假区的乡居景观别墅开发思路。

本项目度假别墅设计十分人性化，讲究细节，为前来休养的游客带来了完美的居住享受。

① 别墅区配有酒馆和邮局，内部设备一应俱全，遥控电视、无线宽带、常备非酒精的饮料和快餐，可视电视设备，提供24h随叫随到服务。

② 小别墅拥有私人花园，正前方是大片梯形植被，各种绚丽的花草映入眼帘，别墅排放了一排长椅供游客欣赏景观，对于身体不适的人来说再好不过，同时这里不允许抽烟。

③ 别墅是一种现代风格的单层独立住宅，一般含有两间卧室，内部装修一应俱全，满足家庭或四个成人加一个小孩的度假居住需求。

④ 设有室内泳池、游戏室等。

⑤ 别墅内部设计人性化，可在天井中烧烤。

2.乡村特色民宿

利用乡村大量的民宅资源，可以打造具有特色的乡村民宿，营造浓厚的乡村度假氛围，可以让游客深入体验乡土风情。

以下为某乡村田园型旅游度假区的乡村特色民宿开发思路。

本项目民宿区本身便是荟萃了世界建筑元素的特色景观。白熊屋民宿、玛格丽特民宿、云南风情景观民宿、比弗利山庄民宿、柏克莱景观民宿、豪斯登堡，每一处民宿都是一处特色景观，代表了一种国际特色景点或者民俗风情，部分提供全球订房和多语种服务。

别样特色的民宿不断融入本土经典与全球新兴的文化内容与活动，如荷兰风车节、摆夷文化风情观览、云端上喝咖啡、高山上听民歌，带来景区源源不断的活力。

3.个性化乡村酒店

乡村田园型旅游度假区的酒店可以采用个性化的设计，比如结合乡村的资源特色打造农场小屋、帐篷酒店、昆虫酒店等创新型乡村酒店形态。

以下为某乡村田园型旅游度假区的个性化乡村酒店开发思路。

本度假区为游客提供各种欧式度假酒店，这些酒店要么是滨水河畔的度假公寓，要么是产业化中的农场小屋，酒店将满足游客不同层次的需求。具体包括农场小屋、青年旅馆、帐篷酒店（无论是在室内还是在室外，都可以设计帐篷式的特色酒店）以及其他个性化酒店设计，比如用人造坡将屋顶与地面相连，使建筑与草地完美结合，或是室内装修风格迥异的各种个性化酒店。

4.乡村疗养度假区

面对不同层次的养老养生人群，以及根据他们对于长居和短居的不同需要，可以设置高端养生度假和适老居住区、疗养公寓区等适老化居住产品，并设置相关的医疗服务中心、健康管理中心、文化休闲以及疗养度假等服务设施，满足养生养老度假人群的居住需求。

以下为某乡村田园型旅游度假区的乡村疗养度假区开发思路。

（1）功能

以适老化居住为引领，配置完善配套，包括医疗、商业、教育、休闲、文化等配套。

（2）分区

该旅游度假区分为一中枢七大板块，以养老服务中枢为服务核心，共享文化休闲功能区，同时针对养老、疗养和度假需求，分别设置活力仙居居住区、疗养公寓区、健康管理功能区、医疗服务功能区、度假养生功能区、休闲商业功能区。

（3）客群与产品

面向高、中、低端三类养老养生人群，打造高端养生、中端养老、大众休闲三大系列健康养生养老系列产品。

（4）重点项目

① 活力仙居：面向高端养生度假和适老居住。

② 疗养公寓：面向国际疗养、医疗度假居住。

③ 医疗服务中心：面向片区，综合型医院。

④ 老年专科医院：中西医结合，面向养老组团。

⑤ 照护中心：日常关怀和医护服务，面向养老组团。

⑥ 健康管理中心：体检服务，建立健康档案，提供健康监控、健康提醒等一系列后续服务，面向所有客群。

⑦ 文化休闲设施：老有所乐、老有所为，包括运动场、图书馆、有机农场等设施，面向所有客群。

⑧ 疗养度假设施：家庭酒店、温泉疗养等设施，面向大众。

（5）老年公寓设计特点

① 基本特点

a.私密性。老年人需要一个属于自己、不被干扰的空间。

b. 社会交往。应为老年人提供一个进行社会交往的公共空间。

c. 可选择性。应为老年人提供多种可选择性，并有控制的能力。

d. 标志系统。为记忆力减退的老年人提供活动上的方便。

e. 安全感和安全性。为活动能力减退的老年人提供活动的安全性，使他们有安全感。

f. 可达性和易操作。供老年人活动的空间应有很好的可达性（即无障碍）。常用设施（如门、窗、家电）应易于操作。

g. 适度刺激性和挑战性。一个有适度挑战性的环境将促进老年人的经常活动。

h. 适度的声光环境。它将大大方便视力和听力已经减退的老年人的活动。

i. 环境的熟悉性和连续性。环境的设计应有一定的地方传统，并成为往日生活的延续，使老年人不感到陌生。

j. 尺度适宜的细部。它可以使老年人处处感到方便和愉快。

② 整体布局要点

a. 住宅区和活动区分离，保证生活空间不受干扰。

b. 建筑布局应确保朝向、采光、通风和景观等为老年人提供优质的生活空间。

c. 居住区内路网设置合理，人车分流，来自主干道的噪声少。

d. 设置坡道联系室内外空间，方便轮椅的使用。

e. 处理好合设或邻设的其他设施与住宅之间的关系，既提供公共交往空间，利于老年人开展体育活动，又方便生活；基本的生活配套齐备，以保证老年人生活需求在社区内就可得到满足。

f. 设置有一定规模力量的医疗保健中心，而且与生活区靠近，并有通畅的道路系统以应付紧急情况，为老年人的身体健康提供有力保障。

③ 公共空间设计要点

a. 在老年住宅的设计中，应尽可能多地为老年人考虑相互之间的交流空间，减少孤独感和寂寞感。一般在设计中可考虑结合门厅、过厅、电梯厅等设置各种公共交往空间，如"谈话角""休憩角"等，适当安排桌椅，为老年人提供休息和增加互相交流的公共交往空间。

b. 在设计专住型时，可考虑将公共交往空间扩展到合设或邻近的其他设施之中，在混住型住宅中则考虑将共用部分作为公共交往空间。

c.在小区的整体规划中,还应考虑有机地布置公园、广场、散步道等室外公共空间。

④ 单体设计要点

a.单体设计为多层,主要是从老年人行动不便的生理特征考虑,楼高不宜超过5层,而且设置电梯,方便老人上下楼。

b.在单体设计上,应该为老年人提供充足的室外空间,使居住者足不出户就能享受到阳光和新鲜空气。

c.要具有利于交往的公共空间,为和谐邻里关系的形成提供必要条件。

⑤ 室内设计要点

a.电话通信、宽带网络、电梯、分户空调以及应急求救报警系统等设施要齐全。

b.住宅入口处面积要适当增大,门的宽度要适当增加,地面力求平坦,便于轮椅通过,并在老年人经过处预留安装扶手的埋件。

c.厨房及卫生间面积要适当加大,便于坐凳或坐轮椅使用。

d.老年人容易失禁,卫生间应靠近卧室,并设长明灯;开关、门铃和门窗把手应适当降低安装位置。

e.地面和浴池底都应防滑,浴池、厕所、楼梯及走廊两侧应设扶手,改变方向和高度的地方应用明显色彩;提高房间照明度,并抑制眩光,据日本分析,照明度需提高2倍。

f.厕所宜用推拉门,不用平开门;厨房内洗涤及灶台和卫生间洗面台下应凹进,以便老年人可坐下将腿伸入操作;老年人听力降低,应提高报警响度,各种设施上的文字说明应加大,以利老年人识别。

⑥ 环境景观设计要点。老年人居住环境的设计应体现"养老社会化、居住亲情化",真正使老年人"老有所居、老有所养、老有所医、老有所为、老有所乐"。

a.要为老年人的人身安全着想,应避免大坡度和路面溜滑的设计。

b.由于老年人爱好钓鱼的特点,可设计一个以大鱼塘为中心景观的园林格局,辅以晨练、晨跑的场所,有益于老年人健康长寿,同时还可以增加产品卖点。

⑦ 配套设施设计要点。通过配套设施的建设,扩大老年人生活空间。老年人更多地参与社会活动,一方面丰富了业余生活,另一方面增加了归属感。

⑧ 智能化设计要点。在楼宇智能设计上,为了满足老年人的特殊生活习惯,在楼宇对讲系统上设置户与户之间的对讲功能,以便于老年人的相

互沟通。设置每户与中心控制室之间的呼叫和对讲功能，以处理突发事件的发生。

漏电自动预警报警装置、煤气泄漏报警装置等先进智能化系统的配备，可以更大地提高老年人的生活安全系数，同时又能够增加产品附加值。

5.农民新型社区

为了满足乡村农民的居住需求，可以按照城市化要求高标准建设农民新型社区，配套完善公共服务设施，如医务所、劳动保障工作站、培训学校、文体活动中心、警务室等。

以下为某乡村田园型旅游度假区的农民新型社区开发设计思路。

（1）功能配套

包括监控室、小型超市、网吧、药店、图书室、音像店、活动室、茶楼、便利店、美发店、居委会、物业中心等。

（2）社区活动

可组织参观考察学习、文化讲座、就业培训等。

（3）建筑立面

建筑立面采用简约的装饰，以典型的欧式柱、线条等符号，传达区域的国际性。可以选择德式风情、法式风情或丹麦的北欧风情，强调建筑的屋顶变化，需要对建筑符号进行再提炼。

建筑外观现代并张扬，空间多层次变化，建筑主题中立，在不同的组团都可以布置。立面可采用毛面石、陶面砖、乳胶漆来强化建筑肌理质感。

（4）小区部分户型

① 一梯四户，38m^2。优点：户型紧凑、采光好；卫生间紧挨厨房，热水输送长度较短，节省资源。

② 一梯两户，75m^2。优点：客厅、餐厅贯通，空间感好；厨房热水器只能设在入户花园，离卫生间较远，使热水线过长；采光好；有入户花园和储物间，功能齐全。

③ 一梯两户，108m^2。优点：户型方正，采光好、通风好；功能分区好，动静分明；户型紧凑，利用率高。

④ 一梯两户，128m^2。优点：通风好、采光好；设置入户花园；客厅饭厅贯通，空间感好。

⑤ 跃层，140m²。优点：客厅观景大阳台；干湿分区；设入户玄关，客厅私密性较好；无暗室，采光好，通风好；主卧转角大飘窗，采光、观景好。

二、生态农业观光与体验产品

依托乡村农田、果林、花卉植被、动物等资源，可以开发生态农业观光以及农事体验等产品，比如农业主题公园、植物观赏区、中草药种植博览园、动物牧场、乡村特色观景设施等。

1.农业主题公园

利用农村大量的农田、果林等资源，可以打造具有农业观光、农事参与、科普教育等综合功能的农业主题公园/农园/农庄，设置让游客观赏的乡村田园景观观光区域，展示乡村春耕、夏种、秋收、冬藏的场景，并设置让游客参与到农产品加工制作过程等农事体验项目。

以下为某乡村田园型旅游度假区的农业主题公园开发设计思路。

项目形成集农产品培育、种植、生产、观光、销售为一体的多个现代农业主题公园，将传统农产品生产与现代休闲度假结合，增加农产品附加值。同时，农业主题公园将聘请当地农民作为主要工作人员，并对他们进行系统的培训，提高其就业水平与能力。

（1）××公社

绿色生态园区里的每一处，聆听花草呢喃；每一步，享受瓜果飘香；成片的葡萄、柑橘、桃子、梨、蛇果等水果，悬挂于前后；大棚里上百斤重的南瓜、两米多长的丝瓜等珍奇瓜果蔬菜，增添了观赏性，寓景于乐。

（2）市民农园

市民农园是为游客倾情打造的农业体验中心，在这里不但可以学习农业生产知识，还可以体验农耕的乐趣和丰收的喜悦。

（3）风情农场度假村

利用现代科学技术，实现具有田园之乐的休闲观光旅游。游客通过观赏、学习、体验、品尝、购买，参与农产品的生产加工，从中享受乐趣。

玫瑰果、山葡萄、木莓等超过30种手工制作的果酱完全以天然果实或农场的有机蔬果制成。游客还可以在专业的人员指导下制作自己的手工果酱。

（4）教育农园

教育农园是兼顾农业生产与教育功能的农业经营形态。农园中所生产或栽植的作物及设施的规划配置具有教育功能。

一般常见的有药用作物、热带植物、设施栽培、亲子农园等形态。可供接待学生实习、实践等课外活动；展示、推介农业新技术、蔬菜水果的新品种；为游客休闲旅游和体验农业提供服务。

2. 植物观赏区

利用当地特色花卉资源，如薰衣草、荷花等，可以打造乡村特色花田，如油菜花田、薰衣草园、荷花池、百花带等观光旅游产品。

以下为某乡村田园型旅游度假区的植物观赏区开发设计思路。

薰衣草是最重要的观光资源，四季有不同的赏花，引来大量观光人潮来赏花，山坡与平原化为紫色花海，花田参观免收门票，喜好采花者可放下500日元，即可任意采剪薰衣草带回家去。

××农场分为五大花区，分别为入口处的花人花田、幸福花田、香水工厂前的花田、蒸馏工厂后方的薰衣草田及后方的彩色花田。

3. 中草药种植博览园

对于种植有多样化中草药类型的乡村田园型旅游度假区，可以设置中草药科普、研究基地。

以下为某乡村田园型旅游度假区的中草药种植博览园开发设计思路。

本项目设计为中药之库的活标本、中医之都的基因库、中草药研究基地、中草药科普中心。

4. 动物牧场

依托乡村鸡、牛、羊等动物资源，除了设置牧场风景观光项目，还可以设置让游客参与的喂养动物、奶制品制作、羊毛制品及相关手工艺品制作等体验项目。

以下为某乡村田园型旅游度假区的动物牧场开发设计思路。

本项目动物牧场由放养牛、羊等牲畜的牧场地和舍馆组成，游客在这里可以欣赏牧场风景、与动物亲密接触、挤牛奶、制作加工品等。动物牧场既可进行观光，也设置了一些参与性活动让游客加入。

① 动物牧场目前大约有45头羊，管理方打算后期逐渐增大动物的养殖数量，实现度假村内肉类100%自供自足。

② 成群的牛羊是牧场一道风景线，人们欣赏风景的同时，进入羊群，与动物亲密接触。

③ 园内还设计了很多有趣的活动让小朋友参与进来，如让小朋友进入鸡

栏收集鸡蛋、给动物挤奶、喂鸡等一些简单的活动，锻炼身体的同时，还增强了他们的想象力。

④ 可以参观奶酪的制作流程，还可以试尝奶酪。此外，还可以亲身体验一下如何制造黄油、冰淇淋鲜奶和起士，融合蔬菜，制作出深具田园风味的健康冰淇淋。

5. 乡村特色观景设施

结合度假区各景点的分布特点，可以设置连接各景点的生态观光特色步道，也可以利用马车等富有乡村特色的交通工具观赏乡村田园风景。

以下为某乡村田园型旅游度假区的生态观光步道设置。

本项目打造国际级生态步道系统，八大特色步道，为一由北到南相互连接的步道群，连接各景点，结合山、云、花、夕阳等景观特色的踏青、健行、赏景的网路。表2-10为生态观光步道设置。

表2-10 生态观光步道设置

步道名称	步道长度/m	游览时间/（min/单程）	步道特色
翠湖步道	2300	60	湖光水色、碧绿茶园
落日步道	1000	30	浪漫夕阳、美丽花卉
柳杉步道	800	25	绿荫森林SPA
步步高升	800	30	登高考验
玛格丽特步道	600	25	花丛小径
畜牧步道	500	15	可爱牛羊合影胜地
观山步道	1800	50	登高望远观云海
樱花步道	500	15	烂漫樱花花海小径

三、乡土风情文化体验产品

依托乡村的地域特色民俗文化、农业文化等乡间文化，可以设置地域特色乡村文化景区、农耕文化展示区等乡土风情文化体验产品，并可以举办乡村风情节庆活动。

1. 地域特色乡村文化景区

结合当地特色的民俗文化，如客家文化、少数民族文化等，可以通过对现有村落进行统一规划改造，形成地方特色鲜明的民俗农庄，比如可以打造极具客家文化特色的乡村文化景区，或是展示少数民族特色的村庄部落等。

以下为某乡村田园型旅游度假区的客家乡村文化景区开发设计思路。

客家乡村文化风景区以客家风情和田园风光为特色，位于××江边，背山面水，景色秀美。以仿古街"一街四巷"为基础，深入挖掘客家新村的空间网络，优化新村的空间肌理，并以此延伸，结合滨水景观节点和新城区空间布局，建构新村核心区步行系统和广场空间系统，完善步行路线，在满足住宅的前提下，同时成为了解客家民居文化的重要途径，促进旅游商业发展。

客家新村将成为景观与居住相结合的新一代农村新建设的重要代表作。在宜居的前提下，更适宜游玩、参观，体验××江源头的美丽。

2. 农耕文化展示区

结合乡村当地悠久的农业发展历史，可以设置农具展示馆等相关的农业展馆，向游客展示农业的发展历史以及传统农具的类型和使用方法等，让游客深入了解乡间农耕文化。

以下为某乡村田园型旅游度假区的农耕文化展示区开发设计思路。

本项目农具展示馆收集××村具有代表性的传统农具，并提供使用方法，让游人了解传统农具使用方法，增加对传统乡间文化的了解。同时尽可能收集古代至今使用的各类农具（模型），让游客全面了解我国农业发展历史及农具演变的进程。

3. 乡村风情节庆活动

乡村田园型旅游度假区可以通过举办农业嘉年华狂欢节、薰衣草节、热气球大会、山野运动节等主题节庆活动来展示乡土风情，吸引游客。

以下为某乡村田园型旅游度假区的乡村风情节庆活动设置。

本项目计划举办春赏、夏游、秋动、冬鉴"四季主题节庆"活动。

（1）"九曲十一湾"踏青节

立足"十一新景"丰富而优美的春色景观，利用清明小长假时机，与市各中小学校签约合作，开展面向全市居民的系列春游踏青活动，包括踏青节植树周、"九曲十一湾"摄影大赛、小小科普员选拔赛等。

（2）"农业嘉年华"风情节

依托地区农业基础，拓展景观农业、休闲农业和创意农业。分别设立景观农业游赏区、休闲农业体验区和创意农业展示馆，并在节庆期间夜间举行特色花车巡游和嘉年华音乐狂欢节活动。

（3）"山野部落"运动节

面向市区各大机关和企事业单位的青年客群，定向组织开展户外拓展联谊、真人山野CS、山地自行车骑行赛、徒步穿越十一湾、天然岩壁攀岩赛等。

（4）"文博艺术"品鉴节

依托深厚的国木文化、根雕文化和丰富的非物质文化遗产，开展包括金丝楠木珍宝展、绵阳根雕奇石研讨会、现场巨幅书画大赛、非物质文化节等活动。

四、乡村运动娱乐休闲产品

依托乡村良好的田园生态环境以及广阔的地域空间，可以打造健康休闲养生、野外运动、娱乐休闲等产品，比如农庄养生馆、幽谷田园拓展基地等。

1.农庄养生馆

针对养生人群，借助乡村优美的自然风光和田园基底，可以打造具有生态田园风格的健康休闲养生项目，比如养生会馆、养生社区、静修庄园、健康管理中心、养生绿道等。

以下为某乡村田园型旅游度假区的农庄养生馆开发设计思路。

本度假区拥有农庄SPA馆，生态富有田园气息的SPA缓解疲劳，净化心灵，也成了度假村的一大休闲亮点。

清早在园区的林地、草坪等人们喜爱的地方进行瑜伽练习。

这里的农庄SPA是全国最好的，它充分利用大自然的植物来提升护理的疗效，运用茉莉花、薰衣草、香柠檬、甘菊、肉桂等来作为SPA的原料。

根据不同人群的护理特点，分为缓压、新生、四肢、抗衰老等各种有针对性的疗法，还提供按摩服务。

2.幽谷田园拓展基地

为了满足企业团队建设、学校素质教育、家庭亲子交流等的需求，可以打造环境优良的田园型拓展基地。

以下为某乡村田园型旅游度假区的幽谷田园拓展基地开发设计思路。

本项目田园拓展基地分为素质教育区、亲子教育区、儿童户外运动区和户外拓展区。

（1）素质教育区

针对幼儿园、中小学校学生开展夏令营、冬令营集训，寓教于乐，满足家长需求和孩子需求。

（2）亲子教育区

目前亲子教育已越来越受社会的普遍关注，专门设置亲子教育区，既是为家长提供一个亲子教育交流、沟通平台，更重要的是为广大家长与孩子提供深层次的沟通机会，通过系列互动游戏等，增强父母与孩子之间的情感，促进家庭和谐。

（3）儿童户外运动区

设置了跷跷板、秋千、蹦床、滚筒、泥巴乐园、沙池、轮胎吊桥、弹簧木偶、大积木、涂鸦墙、独轮车等设施的儿童撒野公园。

（4）户外拓展区

打造功能丰富、高档次、高品位的军事化户外拓展基地。

五、其他配套设施

为了满足旅游度假人群餐饮、购物等多样化需求，乡村田园型旅游度假区还应设置商业区、生态停车场、野外运动区、水上游乐区等配套设施。

1. 乡村特色商业区

乡村田园型旅游度假区可充分利用乡村特色农产品资源，打造供游客购买农场特色纪念品、农场自产农产品的具有乡村特色的商业街区，并可以设置采用农场自产食材的餐厅，并安排烹饪课程供游客参与学习。

以下为某乡村田园型旅游度假区的乡村特色商业区开发设计思路。

（1）商业区

主要由接待中心和一些营业场馆组成，包括购买纪念品、活动服务馆。

（2）餐饮会议服务区

由接待会议的主楼和各类特色餐厅组成，主要承担度假区的餐饮接待功能，举行团体活动的主要场所。会议接待和餐饮区是度假区的主要服务功能区，人们在此享受美食的同时，还有机会在定期开放的美食学校学习烹饪。

① 每年接待定量的团体会议游客，并为团队客户提供预留酒店房间的服务，一般能满足32间以上的专门客房需求。

② 会议室分有四种不同规格，以满足不同数量的会议人数。装修风格隆重富有格调，吸引高端商务人士来此商务休闲。

③ 定期举行以美食为主题的节日，如品酒节，有知名的品酒师与游客交

流品酒艺术，也是上流社会的社交聚会。

④ 度假区的饮食在业内声名显赫，知名厨师精心准备每日三餐，每道菜都是基本都来自农场自产，餐厅随时按照顾客的意愿来选择每一道菜，并提供特制服务。

⑤ 每个季度安排不同的课程，每个课程根据当时的季节时令有不同的烹饪主题，每年举办15次。

2. 生态停车场

乡村田园型旅游度假区可利用乡村多样化的绿色植物，将停车场所与绿植景观有效融合，打造突出低碳、环保、生态理念的生态停车场。

以下为某乡村田园型旅游度假区的生态停车场设置。

本项目停车场按国家5A级旅游景区标准设计，为集环保、美化和绿化于一体的生态停车场。采用绿色环保材料，地面选用优质的草种，隔离带选用高大的常绿乔木，行车道用青石铺设，停车位上采用草坪砖。灌木与乔木远近有别、高低错落，既达到自然划分停车区域的目的，又共同形成雅致的景观。在完善停车设施的同时，将停车空间与园林绿化有效结合，打造有绿荫庇护的生态停车场，是××村首先展示给游客的新面貌。它不仅体现节能减排，突出"低碳排放"的旅游新概念，还适应游客绿色出行的需要。

3. 野外运动区

利用农村广阔的场地，可以设置牧场高尔夫、网球、越野自行车、乘坐热气球等体育运动，并举办相关的体育竞技赛事和运动表演秀等节目。

以下为某乡村田园型旅游度假区的野外运动区开发设计思路。

度假区为游客设计了各类体育运动活动，既提供基本的体育场地，更多的是一些充满浓郁度假色彩的项目，增添运动趣味感。

① 可供游客选择的运动活动有：网球、羽毛球、陶土飞靶、钓鱼、推圆盘游戏等。

② 设计了让很多运动爱好者挑战的项目，满足了他们户外活动的需求，也享受到了尊贵的服务，游客可以选择一些适合自己强度的项目。

③ 利用广阔场地，这里还开辟了牧场高尔夫供一些爱好者前来体验另一种乐趣。

④ 单车自驾、骑马远行、徒步远足、划独木舟、木筏漂流、摩托车和热气球等野外活动。

⑤ 爱好大自然的游客可以自由自在地进行探险活动，这里广阔的地域空

间给了游客充分的余地，完美的服务和体验是游客户外探险的终极目的地。

⑥ 这里设计了3.5英里（1英里 = 1.61km）的漫步道，非常适合游客来远足，通过远足发现各种生物品种。

⑦ 徒步远足和骑马观光可以通往较远处的露营地，在这里度过一个简单却又特别的夜晚，晚上围着篝火吃东西，在星空下睡去。

4.水上游乐区

利用乡村池塘、湖泊等水域资源，可以配置水上游乐设施，设置游船、钓鱼、水上挑战闯关等水上游玩项目。

以下为某乡村田园型旅游度假区的水上游乐区开发设计思路。

观光水上游乐区是集合游玩项目的集大成区域，沿水域种植芦苇、配置水上设施；游船在水色黛碧的湖面上穿行。考验胆量的水上滑索、挑战不断的连环闯关、惊心动魄的网梯等，既能最大限度地激发游客的内在潜能，又可以建立一种亲密无间的团队合作关系。区内还设有大型钓鱼场、养生场，能在青山秀树之间尽情体验养生鱼乐的感觉。

（1）水上挑战项目

设置了挑战不断的连环闯关、惊心动魄的网梯、随波逐浪的速度项目。游客可以无所顾忌地往前冲，与泛起的波浪来一场赛跑，体验水中极速前行的乐趣。

（2）游湖船项目

设置游湖脚踏船供游客使用，游湖观景的同时也能增加地方收入。

（3）钓鱼项目

观光水上区的水域钓鱼项目，有助于提高生活情趣，活跃各种生理功能，是保持心理健康，防止抑郁症、精神沮丧及焦虑、暴躁等不良情绪的好方法。钓鱼使人心情舒畅，情绪稳定，精神饱满。

（4）养生池项目

随着社会上亚健康状态人群的不断加大，人们对于养生、康复的需求越来越大，将景区柠檬、百花资源和康复疗养结合起来，加上现代理疗手法的应用，把柠檬、百花的功效价值与日常的美容、康复、疗养等一系列手段深度结合，打造柠檬、百花养生泡池。

第三章

滨海型旅游度假区开发

第一节　滨海型旅游度假区开发条件

第二节　滨海型旅游度假区总体开发思路
　　　　与规划布局要点

第三节　滨海型旅游度假区产品开发方向

滨海型旅游度假区开发是指依托滨海风光、海岸沙滩、海洋生物资源、渔村民俗文化、海洋军事文化等自然景观与历史人文资源而进行的滨海度假物业、海上运动娱乐、海洋文化体验、滨海休闲养生及观光游憩等滨海特色旅游产品的开发。本章将结合具体的案例对滨海型旅游度假区开发的前提条件、滨海型旅游度假区的总体开发思路与用地规划要点、滨海型旅游度假区产品开发方向等内容进行阐述。

第一节
滨海型旅游度假区开发条件

对于滨海型旅游度假区，其成功开发离不开丰富的滨海特色资源、完善便捷的交通体系以及滨海度假相关产业发展的政策支持等。

1. 丰富的滨海特色资源

成功开发的滨海型旅游度假区一般具有以下的资源条件。

① 优美的海景风光、滨海地貌景观、奇石景观、优质的海水资源等。

② 漫长的海岸线、宽阔平缓的沙滩以及细腻柔软的沙质。

③ 天然无污染的海产资源，包括海带、海参、鱼类、贝类等。

④ 滨海渔村民俗风情文化，包括生态民居、渔民生活方式及相关的历史传说等。

⑤ 海洋历史文化，比如航海文化发展史、军事文化等。

以下为某滨海型旅游度假区的滨海特色资源。

（1）海天一色，山岛耸峙

面对××海，山海相依，汇集了××市主要的滨海景观资源。

① 山：属基质岩山质，山势陡峭，错落有致，最高峰大桅尖海拔358m。

② 海：外海水质优良，视野开阔；近海的国家标准游泳水温为80d，比青岛多47d。

③ 景：火星银湖、海上日出、海市蜃楼多发区。

④ 气：清新舒适，富含负离子，是休闲疗养的理想环境。

（2）层峦叠翠，百草丰茂

植被密布于山体，山体植被以针叶林、混交林为主，最有代表性的植物有黑松、金菊、板栗、山楂以及紫藤等，林地总覆盖面积超过5km²。

（3）金色沙滩，连绵礁岩

① 沙滩细密：沙质细腻，总面积27.5ha。

② 礁石密布：大多分布在外海，属于典型的海蚀地貌。

③ 滩涂岸线：长久淤积使滩涂岸线逐渐沉积，可以适当抛填。

（4）晨钟暮鼓，渔歌唱晚

① 村：渔家风情，宜人尺度。

② 寺：×海寺、××禅寺。

（5）美丽传说，悠久历史

在两千多年漫漫历史长河中，留下了丰富的古迹和浪漫的传说，如两千多年历史的汉代界碑、××岛××山的爱情故事、×海寺住持寻宝的传说、海螺精的传说等。

2.完善便捷的交通体系

拥有较强的交通可达性可以为旅游度假区的发展提供强有力的支持，带来更大的客源市场。对于滨海型旅游度假区，应充分发挥海上交通的优势，建设海上游轮，并加强与周边地区的海上交通联系，建立高速公路、铁路、机场、港口等完善便捷的水陆空交通网络。

以下为某滨海型旅游度假区的交通体系。

（1）地理区位

该度假区位于××半岛的最东端，三面环海。临近威海、烟台、青岛、大连、天津等城市，与韩国、日本隔海相望，位于中、日、韩形成的大金三角中。

（2）区域交通

① 海上交通。国内方面，依托×岛港和龙×港两个国家一类开放口岸，龙×港与大连港距离约100海里、距离天津港约200海里，且与山东省内的威海港、烟台港和青岛港联系更为方便；国外方面，本度假区与日本、韩国地区也有便利的海上交通联系。

目前，海上旅游的主要交通工具是游轮。游轮产业被视为"漂浮在黄金水道上的黄金产业"。山东威海已有了游轮旅游——威海"嘉德威"海上游轮。本度假区应依托海上交通的巨大区位优势，开辟豪华游轮旅游线路，衔接北京、天津、唐山、大连等巨大国内客源市场以及日韩等国际市场，潜力巨大。

② 陆路交通。××市距威海火车站40km，距烟台火车站130km，距青

岛火车站270km。同时，青烟威荣城际铁路建设工作开始启动，建成后，本度假区将并入全国铁路网，青岛到本度假区时间缩短到2h。

该度假区凭借自身的交通优势，既与周边城市保持适当距离，又使自身风格得以保持，呈现出远离喧嚣、宁静自然的氛围。

③ 空中交通。空中交通是发展长途旅游的必要前提。本度假区距威海机场20km，车程仅20min；距烟台莱山机场130km；距青岛流亭机场270km。本度假区拥有发达的空中交通网，是旅游发展的天然优势条件。

3.滨海度假相关产业发展的政策支持

国家及地方政府对于滨海休闲度假旅游产业发展以及海洋经济发展等的支持，可以促进滨海型旅游度假区的开发建设。

以下为某滨海型旅游度假区开发的政策支持。

（1）国家级战略——山东半岛蓝色海洋经济区

半岛蓝色经济区是山东实现陆海统筹发展的主引擎。作为我国第一个以海洋经济为主题的区域发展规划，山东将为全国海洋经济的发展探路。

《山东半岛蓝色经济区发展规划》提出"立足城市，做强岸线；依托海滨，进军海上；东拓西联，开放发展；地区分工，集聚成长"的32字旅游业空间结构优化方向。

从山东旅游发展规划看，建立本国际旅游度假区是全省旅游总体规划的延伸和提升。近年来，山东省委省政府把旅游业作为全省经济的战略性支柱产业进行重点培植，形成了以"山水圣人、黄金海岸"为主体的大旅游格局，"好客山东"成为脍炙人口的旅游品牌。××市位于青烟威荣1h经济圈内，是贯通东三省、长三角与中日韩自由贸易区的重要节点，是山东半岛海滨旅游城市的重要组成部分，建立××国际旅游度假区，不仅可以拓展和延伸"黄金海岸"旅游线，而且可以丰富和提升"好客山东"旅游品牌，符合山东省旅游发展总体规划。

从旅游业发展定位看，建立本国际旅游度假区是打造半岛蓝色经济区的重要内容。山东省已经确立了打造山东半岛蓝色经济区的战略部署，把旅游业纳入蓝色经济区建设的重要内容，与全省产业架构调整、城市发展转型、生态环境保护有机结合，积极推进旅游产业由观光旅游型向休闲度假型转变，逐步形成以旅游业为龙头、现代服务业为主导的特色经济结构。构建本国际旅游度假区可以充分发挥××市的海洋资源优势，实现山东滨海旅游与其他产业的互动共进。

（2）城市级规划——××市旅游业总体规划

××市旅游业总体规划确立了以海滨度假旅游为发展重点，整合资源，突出重点，整体开发，形成一线（千里海岸线）联三片，三片带全面的大旅游格局，为本国际旅游度假区的建设提供了可靠保障。

建立本国际旅游度假区是推动渔业转产升级、拓展山东乃至全国旅游市场的客观需要。借助建立本国际旅游度假区可以加快推进健康生态海水养殖业和休闲渔业发展，促进产业转型升级。国际旅游区的建立，能够极大地开拓国际旅游市场，使××市成为我国重要的日韩游客集散地。

第二节
滨海型旅游度假区总体开发思路与规划布局要点

一、总体开发思路

结合滨海型旅游度假区所拥有的突出的资源优势，比如民俗文化资源、生态养生环境等，可以开发以民俗文化风情为核心、以生态养生为核心或者是以商务会议为核心的滨海型旅游度假区等。

1.以民俗文化风情为核心的滨海型旅游度假区

对于具有浓厚的渔村民俗风情及地方文化特色的滨海型旅游度假区，可以打造以原生态民俗文化体验为核心的旅游度假区，重点开发渔村风情体验区、生态渔业博物馆等项目。

以下为以民俗文化风情为核心的某滨海型旅游度假区开发设计思路。

（1）项目定位

① 形象定位。本旅游度假区形象定位为东方风情休闲第一岛。

② 功能定位。以休闲、文化、健康为主题的国际化滨海休闲旅游社区。

③ 市场定位。以长三角地区为代表的国内中高端客源；以日本、韩国、俄罗斯客源为主体的入境客源；以旅行人群为代表的商务客源；以本地白领阶层为代表的中端客源；周边地区的自助游客源。

本度假区可满足中高端客源家庭度假、美食体验的需求；满足入境客源养生休闲、原生态文化体验、度假、美食体验、宗教文化体验的需求；满足商务客源养生休闲、体育休闲、商务社交场所的需求；满足本地客源家庭度假、主题游乐的需求；满足自助游客源自行车环岛游、渔民生活体验、地方文化体验的需求。

（2）发展目标

① 构建以滨海为依托、以休闲文化健康为主题，面向中高端市场的复合旅游度假产品体系。

② 打造高端休闲中心、特色居住和生态保育区。

③ 塑造舒适宜人的空间形态，提供曼妙浪漫的休闲氛围，成为××市的"城市名片"。

（3）发展思路

该度假区旅游开发应从产业发展的高度，围绕差异性、主题性旅游，尽可能提炼出可市场化运作的资源，进行旅游深度开发。

其开发的核心思路应该是以中高端旅游者的需求、商务游人群的需求和自助游群体的需求为导向，摆脱本度假区旅游季节性约束，用复合多元的旅游产品体系延长游客平均停留时间，在充分挖掘本度假区文化的前提下，做足滨海休闲旅游的文章，使本度假区旅游度假产业成为××市旅游度假产业体系的核心支柱之一。

（4）总体功能分区

① 渔村风情区：保留××岛西端的部分渔村形态，开发具有地方文化特色的渔村风情区。

② 滨海度假区：××岛北部和西部结合自然条件，开发以滨海生态度假、沙滩娱乐等为内容的滨海度假区。

③ 游艇俱乐部：改造××岛南部的渔村作为游艇俱乐部的码头和训练基地。

④ 海上运动区：依托现状的水上训练基地，在××堤至××岛的入口处建设海上运动培训基地。

⑤ 观光游憩区：山谷中间地区的×海寺是××岛重要的宗教文化资源，依山望海，环境秀丽，可发展以宗教文化观光为主的旅游区。

⑥ 主题酒店：在××堤入口处开发以中国传统文学故事为主题的五星级酒店。

⑦ 综合服务区：在××岛南海岸的中心地段，通过填海拓展建设用地，开发以城市公共设施、基础设施、旅游服务设施等为主的综合服务功能。

2.以生态养生为核心的滨海型旅游度假区

对于具有良好生态环境及气候条件的滨海型旅游度假区,可以滨海养生为核心,打造以生态保护、休闲养生为主要功能的旅游度假区,重点打造森林公园、滨海型康体养生中心、滨海特色温泉池等项目。

以下为以生态养生为核心的某滨海型旅游度假区开发设计思路。

(1) 总体发展思路

以科学发展观为指导,以滨海旅游、生态休闲、养生度假、文化交流为目标,加大开发力度,整合山海资源,提高发展质量,挖掘文化底蕴,建立形象鲜明、特色突出的国际先进水平的旅游产业体系,建成我国沿海经济发展新的增长极和更具吸引力的日韩合作新高地,逐步打造成为生态环境优美、文化魅力独特、高端产业聚集、社会文明祥和的开放之区、生态之区、和谐之区。

利用××镇"极地优势",结合××镇的山海资源,集中打造高端品牌休闲度假区,以养生为主题,打造"中国大陆向海洋最东端"的休闲度假区,"中国最早看到太阳的滨海休闲度假区",做足"滨海养生"文章。

(2) 整体发展规划

该度假区划分为文化生态休闲板块、森林公园板块、生态自然保护区板块、国际自由养生岛板块、工业发展组团板块、行政商业服务板块、商务度假板块,图3-1所示。

图3-1 以生态养生为核心的某滨海型旅游度假区总体功能分区

3. 以商务会议为核心的滨海型旅游度假区

对于区位优势显著、商务客源市场充足的滨海型旅游度假区，可以吸引国内、国际企业总部为目的，打造企业总部基地，以商务谈判、会议论坛、商务度假等为主要功能，重点开发高档酒店、滨海会议论坛中心、游艇俱乐部、海岛高尔夫等项目。

以下为以商务会议为主题的某滨海型旅游度假区开发设计思路。

（1）总体定位

① 旅游度假：以红树林湿地、海底遗址、游艇、海岛高尔夫为特色的国际高端滨海度假区。

② 文化活动：国际湿地界以及国际海底遗址界的智力中心，企业总部基地。

③ 地区贡献：是××市东海岸旅游度假开发带的龙头，是××市文化旅游的核心区域之一，是拓展××市的城市文化内涵并提升国际影响力的品牌区域。

（2）度假区功能

包括旅游观光、商务会议、总部基地、休闲娱乐、运动健身、度假居住。

（3）结构构思

① 滨海一线布置公共性设施，包括酒店、论坛、主题公园。

② ××岛建设特色的海岛高尔夫。

③ 二线布置总部基地、游艇社区。

（4）概念方案

① 方案一：江南。概念缘起：江南，是一种充满活力的文化，是一种诗意的生活，中国人的"江南情结"。

"江南"的空间魅力——以水为脉，依水而居。

"江南"的本次诠释——江南诗意总部：现代生活方式、工作方式、消费观念与江南诗意空间的结合。

② 方案二：桃源。概念缘起：桃源，是一种生存的意境，是一种幽静的生活方式，幽静的度假氛围与纷扰的城市生活的差异。

"桃源"的空间感受——曲径通幽，别有洞天。

"桃源"的本次诠释——水岸森林总部：水岸森林，蜿蜒的小路通向掩映在森林中的办公室或居所，后院的岸边停靠着通向大海的游艇。

③方案三：长岛。概念缘起：迪拜的启示，极致的奢华对国际高端客户（企业总部）的吸引力；"岛"的高端本质，"前院后湖"的梦想工作、生活模式，每个总部都拥有私家游艇码头。

（5）建设项目

① 核心项目

a.国际湿地保护与开发论坛，国际海底遗址保护与开发论坛，文化公园。

b.总部游艇社区（总部基地，游艇社区）。

c.海岛高尔夫：国际邀请赛。

② 规划区建设项目选择

a."双子"论坛会址（会议中心、管理中心、接待中心、论坛广场）。

b.文化公园，红树林生态博览馆，海底遗址博物馆，观光塔。

c.滨海酒店，红树林酒店。

d.总部游艇社区：总部基地，游艇俱乐部，游艇港，休闲商业，湖景洋房，高层湖海双景公寓。

e.海岛高尔夫及高端会所、别墅。

图3-2为本度假区总体功能分区。

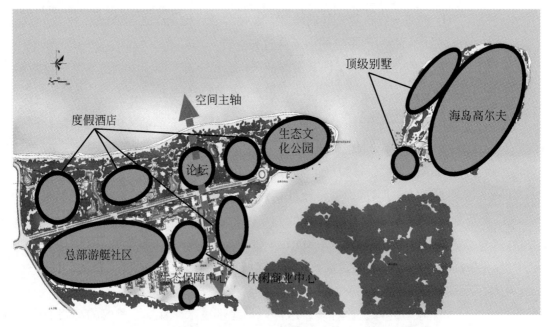

图3-2　以商务会议为主题的某滨海型旅游度假区总体功能分区

二、规划布局要点

为了充分利用土地资源并进行合理的规划布局,滨海型旅游度假区应明确项目的用地拓展方向,并选择适合的空间发展模式。

1. 用地拓展方向

滨海型旅游度假区可以通过填海、土地集约利用等方式拓展空间。

（1）填海

滨海型旅游度假区可以采用岛屿式填海、连续式填海、内湾式填海等填海方式,这几种填海方式的优缺点见表3-1。

表3-1 几种填海方式的优缺点

	岛屿式填海	连续式填海	内湾式填海
简介	一般选择在大型内湾区域进行岛屿式填海	在一定水深范围内采用连续式填海可以获得最大的填海面积	填海方式主要选择在快速淤积地区
岸线	海岸线较长	完整简洁	岸线与原岸线长度相近
优点	四周临水,通过大小岛屿穿插,可以形成丰富的内外海湾景观	便于防洪,成本相对较低	获得内部滨水景观,避免因淤积带来远离滨水的可能
缺点	对于航道和防浪保护较差,造价较高	内部亲海性较差,只可获得外湾滨海景观	亲水岸线增加不明显
案例	日本神户第一人工岛工程、东京湾临海副都心、荷兰IJBURG工程	我国香港中环湾仔、深圳湾、天津滨海新区	我国香港迪斯尼乐园、上海芦潮港新城

在选择采用何种填海方式时,应综合考虑填海位置是否可以与岸线资源整合形成较好的景观效果、是否可以增加亲水岸线以及是否产生较高的经济效益等因素。

（2）土地集约利用

滨海型旅游度假区可以采用渔村更新,重新集中布置渔村居民的方式腾出更多的可供开发建设的土地。

以下为某滨海型旅游度假区的用地拓展方式。

（1）集约利用,有机更新

改造或新建具有特色的渔港小村并通过环境改善提高当地居民的生活质

量。预计可以置换出用地40ha。

① 更新方式一：异地安置。将东×村、沙×村村民集中到异地安置，并安排适合工作。保留西×村，并进行适当环境整治，改造为渔村风情区（村民住宅、家庭旅馆、青年旅游、渔家乐）。

西×村750户村民，户均建筑面积135m^2，总建筑面积为101250m^2，建筑层数2～4层，容积率取0.6，需要安置用地面积16.88ha。剩余7ha用地可供开发。

优点：保留渔村风貌核心要素。

缺点：运作实施难度较大。

② 更新方式二：集中西×村安置。东×村、沙×村、西×村村民集中到西×村安置。

采用小高层+多层建筑形式，合计1200户村民，户均建筑面积115m^2，总建筑面积为138000m^2，建筑密度取25%，容积率取1.5，需要安置用地面积约12ha。剩余9ha用地可供开发。

优点：渔民在岛内集中安置，生活生产兼顾，腾出土地进行开发，是土地集约利用的一种方式。

缺点：局部改变渔村肌理。

比较而言，小高层+多层综合思路比较符合目前的发展阶段和操作模式。

（2）向海要地，拓展空间

① 填海位置的选择

a. 功能上的对接。××岛东部大部分土地有较高生态保育价值，将重点在西部发展。填海范围内的建设应尽量多地与现状陆地建设连接。

b. 空间景观的对接。滩涂岸线的淤积使得亲水距离增加，在此部分进行适当抛填可以重新整合岸线资源，并缩短亲水距离，形成较好的滨水景观。

c. 水深水流。东部的海底标高0～2m以内；除中间部位受地形影响较低外，其他退潮期间约300m均为裸露区域。

d. 与西大堤的关系。西大堤的抛填已逐步靠近××岛，有必要使双方的抛填进行适当控制，保留海岛的完整性，并有利于形成较好的景观效果

e. 航道需求。由于要保持航道的宽道，填海的范围距海岸线不宜超过500m。

② 填海的形态比较。根据填海的经济效益、生态保护、亲水景观、岸线、防洪等要素综合分析，三类的优劣排序为内湾式填海方案、连续式填海方案、岛屿式填海方案。从填海造价和土地出让考虑来看，连续式填海

方案经济价值较大。半岛式填充在南部水岛地区。岛屿式填充在西大堤的结合部位。

2.空间发展模式

滨海型旅游度假区常见的空间发展模式主要有集中式、组团式和平衡式等。各种模式各有优劣势，比如集中式可以降低生态保护与基础设施建设成本，而组团式有利于滨海资源的充分利用与功能区域的明确划分。在选择空间发展模式时，应综合考虑项目的滨海资源和生态保护区域的分布情况来进行选择。

以下为某滨海型旅游度假区的空间发展模式。

（1）发展空间选择

现状建设用地以及填海区域的选择主要集中在西南部。

用地开发强度细分：可以进行中强度开发的用地97.3ha，可以进行低强度开发的用地58.6ha。

（2）空间模式比选

① 集中式

优点：生态保护成本低、基础设施配置成本低、集中发展区交通较好。

缺点：优秀资源利用率低、功能分区模糊、填海需求量大。

② 组团式

优点：资源利用充分、分工明确、人流分布均匀、仅需少量填海。

缺点：生态成本高、交通要求高、基础设施投资大。

③ 平衡式

优点：资源利用充分、发展强度适中、生态保护较好、功能分区明确、项目可组合性强、填海需求量适中。

（3）空间发展模式

区域空间与功能的协调——打造国际化的公共湾区，保留独具魅力的公共岸线。

第三节
滨海型旅游度假区产品开发方向

滨海型旅游度假区拥有优质的沙滩及海水资源、优美的海景风光、丰富的海产资源与生态食品、淳朴的渔村民俗风情文化等，依托这些特色的海洋资源，其可开发的产品类型主要包括滨海度假物业、沙滩与海上运动娱乐产品、海洋文化体验产品、滨海休闲养生产品、滨海观光游憩产品以及商务科研产品等。本节结合具体的案例对不同产品类型的开发思路进行阐述。

一、滨海度假物业

为了满足不同度假人群的多样化需求，滨海型旅游度假区可以打造多样化的滨海度假物业，比如海景酒店、别墅等景观物业，海草房等渔村特色民宅，游艇别墅等高端度假物业，滨海腹地度假物业等。

1. 海景主题酒店

利用优美的滨海风光，可以打造高端星级海景度假酒店，由品牌酒店管理公司进行统一的管理，并提供完善的配套服务设施，满足中高端旅游度假人群的居住需求。

以下为某滨海型旅游度假区的海景主题酒店开发设计思路。

该旅游度假区具有良好的滨海资源，三面临海，非常适合产权酒店的发展。产权式酒店可以采用住宅型酒店和投资型酒店类型，采用加盟品牌酒店管理公司、俱乐部会员制的运作模式。为保持该区的怡人景色和特色，发展高度和密度也要严格限制。

建筑以轻松明快的现代风格为主。除局部填海区根据功能需求及地形的可能性设置较大体量的建筑外，其他建筑以依山就势的小体量建筑为主。同时充分考虑建筑与自然景观的结合。

2. 一线海景别墅

充分利用一线海景资源，可以打造豪华度假别墅。在进行别墅设计时，应重点关注以下几个要点。

（1）景观性

① 对景观资源的强势占有，将主要度假空间活动分配给最好的海景，创造极致的度假生活氛围。比如主、客卧朝景观面能开窗的地方全部做成全景落地窗；家庭主要活动区少隔断，同时力求大开间设计；错层和挑空增强室内空间的采光性，增加采景变化。

② 与室外景观的互动。比如在主景观面上大量露台等灰空间的利用；水池旁设置日光浴甲板和SPA区；设置独立的凉亭等。

（2）私密性

① 建筑采用分离式设计。比如可以将活动区、功能区以及主卧区放在一楼，客房区放在二楼。实现完全的主客分区、动静分区。

② 每幢别墅可以用高的围墙将其围住。

（3）尊贵身份的凸显

① 每间卧室都尽量保证宽景观面且配有独立的、功能齐全、干湿分离的卫生间。

② 家庭活动空间进一步细化，供家庭一起娱乐的动区与供休息交谈的静区相分离。

③ 设置独立的车库，从车库和主入口可以沿不同的路线进入主要活动区，互相之间不干扰。

以下为某滨海型旅游度假区的一线海景别墅开发设计思路。

该度假区别墅产品坐落于度假区北端内河入海口处的小岛上，其设计特点如下。

① 主卧、餐厅、客厅、娱乐室这些住户所在时间最长的功能空间，分配于景观最佳位置，加大面宽，加大采景。

② 在主景观方向上，增加连接外界与室内空间的大型观景露台。

③ 动静分区，客厅与娱乐间分布在一起，主卧和餐厅分布在一起。

④ 别墅强调景观与通透，强调室内空间与室外空间的自然过渡。

⑤ 大量采用错层和挑空的手法，增加空间尺度的变化，增加采景变化。

⑥ 注重灰空间的处理与强化，尤其是功能空间的连接，通过强化处理的灰空间连接，增加尺度感和情趣性。

a.通常使用的连接处理是观景露台。

b.不像城市住宅那样规整，度假别墅露台（灰空间）通常用来连接主要功能空间的过渡，如书房和卧房。

c.过渡空间非常强调尺度和变化，实际的效果是大大加强了居者对空间的感受，而不仅仅是单一的观景露台。

⑦ 采用吊脚楼的方式，将室内空间延伸到环境当中，不算建筑面积，提高了性价比。

3.渔村特色民宅——海草房

结合当地的渔村风俗民情与独特的特色建筑形态，如海草房等渔村传统生态民居，可以将其打造为供游客深入体验当地民俗文化的特色民宅。

以下为某滨海型旅游度假区的海草房设计思路。

渔村传统民居，以石为墙，海草为顶，冬暖夏凉，百年不腐。邮电部发行的山东民居的邮票，就是以海草房为图案。海草房可以说是世界上最具有代表性的生态民居之一，其苫盖技术已于2006年9月审批为山东省非物质文化遗产，并已申报国家非物质文化遗产。

海草房有下面几个特点。

（1）冬暖夏凉、抗风耐腐

海草房厚厚的草顶和石墙，起到了隔热保温作用，在夏日避免了室内温度的迅速上升。冬季，厚实的材料有效阻隔室内热量的散失，保证了室内温度的稳定和居住的舒适。

（2）布局紧凑，间距窄小

××半岛为多山和丘陵地区，当地沿海村落多选择阳坡、面南、地形较平缓的地方来建房，而且密度较大，街道较窄，形成房屋布局紧凑的特点。

（3）结实耐用，安全可靠

海草中因含有大量的卤和胶质，用它粘成厚厚的房顶，持久耐腐，防漏吸潮，耐久性可达50～100年之久。

（4）建造严谨，苫技高超

海草房建造，需要具有一整套独特的建筑手法和苫盖技艺，只有手艺高超的苫匠，苫出的海草房才能保证50～100年间不腐、不坏、不漏，外观整齐典雅。

4. 游艇别墅

针对高端度假游客及游艇爱好者，可以打造带有游艇的高端别墅住所，并配置直接入户的游艇码头。

以下为某滨海型旅游度假区的游艇别墅设计思路。

本度假区分布着大量的游艇别墅社区，家家都游艇入户，别墅形态各异，风格现代简洁，富有动感，充分显示了西方人喜欢运动、个性简单、开放、平等的特征。

（1）建筑风格

① 现代西方简明风格，浅色调为主。

② 开放式的建筑风格，少围墙。

（2）建筑特色

① 家家游艇入户。

② 通过张拉膜等海洋符号突出建筑的动感。

（3）整体布局

① 建筑采用分离式设计。活动区、功能房以及主卧区放在一楼，客房区放在二楼，实现完全的主客分区、动静分区，相互之间通过充满度假情趣的狭长过道和楼梯相互连接。

② 主要度假活动空间主卧、餐厅、客厅、娱乐室放在建筑的后方，给予其最好的景观面，对景观要求不高的操作区放在最前面。

③ 局部的挑空处理增加了空间尺度的变化感，增强了室内空间的采光性，同时增加情趣性。

④ 客厅各功能更加细化。分为餐厅、休息厅和休闲厅，各功能区少隔断，同时力求大开间设计，增强室内通透感，将室外景观资源引入室内。

⑤ 位于中间部分的泳池贯穿别墅的南北，其不仅是重要的公共活动空间，同时也丰富了内部景观，保证别墅的每个功能空间都有水景观面。泳池旁设有日光浴甲板和SPA区，极大地增强了别墅的度假氛围。

a.泳池将一层家庭区和功能区进行了有效的分割，使得家庭区有较为浓厚的度假氛围。

b.通过灰空间的打造，将水景观引入了客厅和书房，使得活动区获得了双景观面。

c.活动区、主卧与书房、功能房之间通过精致的小桥跨过泳池相连接，为室内空间营造了浪漫的度假氛围。

⑥ 大量"灰空间"的运用一方面增加空间的层次感和尺度感，另一方面协调室内外空间和室内不同功能空间的过渡。

⑦ 主卧区位于一层，方便主人的出行及享用泳池，客厅全部位于二层，每间卧室都尽量保证宽景观面且配有独立的、功能齐全、干湿分离的卫生间，尽显尊贵。

⑧ 在缺少景观面的位置设置了车库、储藏室、洗衣室等功能房，方便业主长时间度假居住。从车库和主入口可以沿不同的路线进入主要活动区，互相之间不干扰。

⑨ 在二层室外空间设置了独立的凉亭，方便全家人在欣赏户外美景的同时喝茶聊天，提升了度假氛围。

二、沙滩与海上运动娱乐产品

依托海水、沙滩等滨海自然资源，可以开发沙滩运动、海上运动、滨海娱乐休闲等旅游产品，比如海上运动基地、游艇俱乐部、海上高尔夫、水上主题游乐中心等。

1. 海上运动基地

利用海岸附近的沙滩及海水资源，打造海上运动基地，开展沙滩排球、足球、冲浪、滑水、潜水、跳水、帆船等水上运动，并通过举办海上摩托艇锦标赛、皮划艇锦标赛、冲浪锦标赛等各种赛事来提升度假区的知名度。

以下为某滨海型旅游度假区的海上运动训练基地开发思路。

本旅游度假区海岸附近的海水清澈透明，适宜各类冲浪和滑水等水上运动。度假区每年都主办各种各样的国内或国际的大型水上赛事和活动，如职业冲浪比赛、国际游船展、帆船比赛等。通过举办各种国际体育赛事和文化活动，本旅游度假区成为世界闻名的国际滨海度假目的地。

2. 游艇俱乐部

针对游艇爱好者、商务度假人群以及高端度假人群等，可以打造游艇俱乐部和建设游艇码头，设置游艇驾驶培训基地、游艇模型展厅、游艇文化长廊等项目。

以下为某滨海型旅游度假区的游艇俱乐部开发思路。

本项目游艇俱乐部以打造成为国际著名的蓝色生态旅游和水上活动中心、中国一流的游艇会所基地为开发目标，其开发思路包括下列几点。

① 以三×湾、月×湾、×兰岛为基地。

② 建设游艇码头，建立游艇俱乐部，引进富裕阶层和游艇爱好者前来休闲度假，形成游艇经济。

③ 近期以近海旅游（12海里范围内，约$5000km^2$）为主要开发对象，并在此基础上，强化与周边滨海旅游城市的互动。

④ 中远期扩展外海旅游区域（12海里之外），把三×湾的海上游览从近海扩展到远海，开展三×湾外海巡游旅游项目。

3. 海上高尔夫

针对高尔夫爱好者，可以打造具有滨海特色的高尔夫球场、高尔夫俱乐部以及高尔夫主题公园等产品。

以下为某滨海型旅游度假区的高尔夫运动产品开发思路。

高尔夫运动产品为本项目的拳头旅游产品，其开发思路有以下几点。

① 重点开发和发展生态环保型高尔夫，如利用生物自然规律维护草地生态。

② 近期中期以山地生态高尔夫体现绿色生态特色，远期考虑建设海上高

尔夫。

③ 与周边城市联合打造高尔夫超市。

④ 建立高尔夫服务人才培训学校，培训高档次的服务人才。

⑤ 结合现有的高尔夫赛事活动做营销推广。

4.水上主题游乐中心

滨海型旅游度假区可以打造水上主题游乐中心，开展水上表演等文艺活动以及针对儿童的水上活动乐园等游乐项目。

以下为某滨海型旅游度假区的水上主题游乐中心开发思路。

（1）水上活动乐园

专门针对儿童开发，设置滨海主题的夏令营区和独木舟码头、小游艇码头、水上游乐园、室内水上项目的水上活动区。

（2）海上游乐中心

提供文化演艺节目，丰富海员文化生活。

（3）海上拓展基地

亲水型拓展训练娱乐是崇尚自然的旅游时代的新宠，比较发达的城市都有专门的拓展基地。海上拓展基地由于其独特的创意，融水上运动和水上拓展于一身的形式将对拓展训练客源构成强大的吸引力。

三、海洋文化体验产品

对于渔村建筑形态和渔村生态资源比较丰富的区域，依托其原生态的渔家文化以及相关的海洋历史文化，可以开发渔家民俗风情体验、海洋历史文化交流等旅游产品，比如渔村风情体验区、渔家民俗风情表演区、海洋历史文化体验区等。

1.渔村风情体验区

依托渔村纯真的民风民俗以及渔家人特有的豪爽与热情，可以打造供游客体验渔民生活的原生状态的渔村风情体验区，设置展示渔村民俗文化的渔业博物馆以及开展赶海、垂钓等渔村特色活动，品尝渔家特色餐饮等。

以下为某滨海型旅游度假区的渔村风情体验区开发思路。

本项目渔文化体验区以"当一天渔民、住一天渔村、游一回连岛"为设计理念，内有演绎渔民生活的织网、造船、出海、归来、欢庆等场景，以及集中展示海洋文化和渔村民俗文化的生态渔业博物馆、渔村野营帐篷区等。

渔家人的菜肴多以海鲜为主，热情的主人会选用上乘鲜活海产品款待客人。赶海、垂钓、游泳又是渔村最具有特色的活动。

渔村的民俗文化有着独特的地域色彩，充满了山情海趣，渔业文化渗透到社会日常生活的各个层面，渔民的生活方式成为本土文化的重要组成部分。渔村渔民谷雨节祭海仪式被批准为国家级非物质文化遗产。每年都定期举办反映渔民生活的"国际渔民文化节"。

民间餐饮文化特色鲜明，以海鲜为主，配以田园野菜，操以烀、煮、炖、煎、熬、蒸、烙、炸、溜、氽等做法，突出渔家特色，打造地方风味，展现了餐饮文化的地方风俗性。

2.渔家民俗风情表演区

依托渔家民俗风情，可以打造体现渔家文化、展示渔民生活方式的歌舞娱乐节目，并安排每天进行表演。

以下为某滨海型旅游度假区的渔家民俗风情表演区开发思路。

本项目渔村风情表演区设计一台具有完整主题的大型渔村风情表演秀，打造一顿以互动体验为特征的体验大餐。节目安排见表3-2。

表3-2　渔村风情表演秀节目安排

表演内容	表演时间	表演地点	备注
壮族舞蹈《太阳舞》、《歌舞山水间》、傣族葫芦丝演奏《月光下的凤尾竹》	11：00～11：30（每天表演）	××宫戏台	
壮族舞蹈《太阳舞》、客家舞蹈《豆腐酿》、傣族舞《美丽的祝福》	14：30～15：00（每天表演）	××宫戏台	周六、日增加国家非物质文化遗产《××渔歌》演唱节目
大型舞蹈诗剧《妈祖之光》	15：30～16：10（每天表演）	××宫大殿前广场	
舞蹈《开渔歌》、葫芦丝演奏、毛利人《草裙舞》、客家舞蹈《山歌撑船过海去》	20：00～20：40（每天表演）	渔家小舞台	周六、日增加国家非物质文化遗产《××渔歌》演唱节目

①《妈祖之光》是一部以"大爱和谐"为主题，以歌颂妈祖美德、演绎妈祖传说故事、展现妈祖文化和渔家风情为剧情的大型舞蹈诗剧，它融舞蹈、杂技等多种艺术为一体，一场原创的广场表演，一台精彩的视听盛宴，给你一次心灵的涤荡和精神的狂欢。

② 原汁原味的渔歌是渔家文化的象征。渔民的生活环境和生活方式形成了独特的渔家文化。作为国家非物质文化遗产的渔歌唱出了渔民的生活，演

绎了原汁原味的渔家文化。开渔舞蹈展现了渔民生产生活的场景和淳朴的渔家风情。

③ 多民族文化的荟萃，民族舞蹈串串烧。淳朴的客家舞蹈、奔放的壮族舞蹈、或粗犷或优雅的傣族舞蹈，还有原始的太平洋岛国土著毛利人舞蹈，使本度假区商业街成为荟萃多民族文化、展示民族舞蹈的大舞台。

3.海洋历史文化体验区

滨海型旅游度假区可以通过边防军事基地、海上丝绸之路始发点等文化载体向游客展示海防文化、军事文化、航海文化发展史等相关海洋文化，打造文化交流的场所，举办相关文化交流的专项活动。

以下为某滨海型旅游度假区的海洋历史文化体验区开发思路。

本项目海洋历史文化体验区是宗教、军事、丝路始发港等与航海相关文化汇聚、交流、朝觐胜地，开发思路为以下几点。

① 构建××影视基地，打造北部湾地区海上丝绸之路始发港。

② 以××炮台、××庙、边防军事基地等历史遗迹为××湾海防文化的载体，开展军事文化展示及青少年爱国主义教育。

③ 重建××寺，向海内外旅游市场推出包含祭祀、法会、佛事、文化交流等专项活动。

④ 挖掘海上丝绸之路出发点遗迹，展示航海文化发展史、人类文化交流史。

四、滨海休闲养生产品

依托滨海地区良好的生态环境、适宜的气候条件以及滨海温泉等资源，可以打造康体养生旅游产品，比如滨海特色温泉池、滨海型康体养生基地、有机食品博览园等。

1.滨海特色温泉池

利用深海的地热之泉，可以打造如珍珠美容、鱼疗等的特色温泉池以及冲浪、漂流等动感温泉产品。

以下为某滨海型旅游度假区的特色温泉池开发思路。

本项目以海洋文化为主题，打造70余种大小、功能不一的露天温泉池，拥有全国独有的"温泉迷宫"。海滨温泉的泉水是来自深海的地热之泉，地热矿泉日涌水量超过4000m^3，储水量达10000m^3，水温近70℃，水质微咸，泉水清澈，含硫、铁、硅、氡等40多种有益人体健康的矿物质元素，具有极高医疗保健价值，对美容、美肤有特别的疗效。海滨温泉融合"海、山泉、温泉"，是"三料合一"的珍稀温泉。此外，温泉区设有各类温泉池，如大海龟、海豚、鲨鱼、鱼疗、珍珠美容等各种特色温泉池；还有死海浴、冲浪、漂流等动感激情温泉项目。

2.滨海型康体养生基地

利用优良的滨海生态环境，可以打造瑜伽、太极、SPA等特色健康养生项目及提供相关的康疗服务。

以下为某滨海型旅游度假区的康体养生基地开发思路。

本项目将打造中国特色滨海型康体养生基地，把康体养生度假做成在国际上有影响力的健康品牌，康体养生基地的开发思路如下。

① 打造不同的康体养生基地，开发包括中西合璧的美食养生、特色SPA、绿色森林浴、太极养生、瑜伽养生等康体养生产品。

② 系统打造专业性的保健护理中心系统，引进先进的康体设施，并由技术熟练的医务人员进行专业经营管理。

③ 提供个性化的康疗服务。

④ 推出传统中医辅助治疗项目，如推拿、理疗、针灸、太极拳、气功、药膳等。

3.有机食品博览园

依托滨海渔场和生态农庄等资源，可以打造有机食品的研发、展览、销售的研发中心和展销中心。

以下为某滨海型旅游度假区的有机食品博览园开发思路。

本度假区的有机食品博览园是有机食品的研发、展示展销区。

（1）有机食品展览中心

可以定期举行食品展销的展览空间。

（2）有机食品博览会馆

宣扬健康饮食理念、各国美食概念的高端博览馆。

（3）有机食品研发中心

由专业研发人员专门负责有机食品的研究，提供安全优质的有机产品。

（4）高级烹饪学校

具有食物治疗专业各色的国际烹饪学校。

五、滨海观光游憩产品

利用滨海景区景点资源以及海洋特色资源，可以打造供游客休闲观光、娱乐的滨海观光游憩产品，比如滨海风景区、海洋世界主题公园等。

1. 滨海风景区

利用滨海风景独特的海岛风光、奇石景观、滨海古城、历史遗迹、民间传说、生态保护区等自然与人文资源，可以打造供游客观光的自然生态景观与人文古迹观光的旅游产品。

以下为某滨海型旅游度假区的风景区开发思路。

（1）生态休闲旅游区

××岛距海岸约1600m，面积$1312m^2$，是一座融美丽的神话传说与美妙的自然风光为一体的仙山海岛。岛上建有游客观鸟台、钓鱼台、穿山隧道、盘山小径、听涛轩。岛上长有成片的芙蓉丛、芦苇、野枣树，每年春夏芙蓉盛开时节，海鸟们在此孵卵育雏、生息繁衍，白鸟红花相映成趣。该岛被千万年来海浪冲刷雕蚀得危峰兀立、怪石嶙峋，与起落的海潮、连天的波涛、精灵似的鸥鹭共同构成风景独特的海岛风光。岛上山石景色，神奇莫测。经长久的潮水波浪冲击侵蚀，岛之四周岸崖已是满目疮痍，洞孔累累，千奇百怪，各具风韵。大的海蚀洞内可以行舟，小的海蚀洞则仅能容纳数人。

通过对岛上景点的维护和新建，对岛上鸟类栖息地的保护，将××岛打造成世界级鸟岛。

（2）古城区

××古城迄今已有六百多年的历史，历来是海防军事重镇和海运进出口的咽喉，被誉为岭南文化的一块活化石。景区作为古代海防军事重镇，烽火所及，金戈铁马。踏进古城门，一排排完整的古老建筑朴实宁静，一座座精美宗祠庙香火缭绕，一张张古城人笑脸真诚坦然。

（3）生态自然保护区

××湖是一个天然椭圆形的泻湖，被长5000多米、宽100多米的弯月形金色沙坝截取而成。水面面积$5km^2$，湖内水质清洁明澈，海流宽敞，海水在湖中形成环流，海苔丛生，饵料丰富。周围尽是绿树与芦苇，便于隐蔽，很得天鹅的青睐。平均水深2m，最深不过3m，1月份水温为0～9℃，湖面很少结冰，湖中繁衍栖息着大量的小鱼小虾和浮游生物，是大天鹅冬季的理想生存之地。优越的生态环境不仅使大天鹅钟情此地，还引来了丹顶鹤、鸳鸯等各种鸟类，其中属国家一类和二类保护鸟类就有6种。

该区域依靠现有生态自然湿地，坚持保护优先与协调发展，突出生态、海岸带、旅游资源保护重点，在××湖生态自然保护区内，以休养、观光为主打造生态旅游。在区域内禁止规划任何建筑物，以自然生态景观观光旅游产品为主。

（4）自然风景区

××岭是一个三面环海的小半岛，海拔10多米，民间有很多神奇传说。××岭景区内，在陆上，游客可乘高速大巴在山巅处摩天捉云；在海上，可乘游艇在苍茫间抚海戏鱼；在空中，则可乘坐山崖飞索体验飞的感觉。陆上驰、海里游、空中飞依次体验，令人兴奋不已。

（5）文化主题景区

××景区是一处大型福文化主题景区，占地42万平方米，与××岛风景区翘首相望。景区以开发、挖掘、弘扬中国福文化为主旨，融自然古迹、史料遗闻、神话传说、民间传奇于一体。自然地貌宛如一只浮在海上的巨大葫芦，寓意福禄。区内风光独特，景物自然天成，文化景观令人叹为观止。区内建有太阳神、北普陀、福寿殿、圣君殿、圣贤殿、精英殿、艳福岛、花园赶海、水上游乐等诸多景点。××风景区将以其独特的文化内涵和奇特景观，为全市乃至全省黄金海岸的建设增添魅力。

2.海洋世界主题公园

利用海洋生物资源，可以打造海洋世界主题乐园、海洋主题游乐馆等游乐产品，设置海洋动物表演、海洋动植物观光等项目。

以下为某滨海型旅游度假区的海洋世界主题公园开发思路。

本度假区最具特色的就是分布着众多主题乐园，比较有名的有××电影世界、××海洋世界及梦幻世界等。

××海洋世界提供国际知名及高水准的精彩滑浪表演，独有的海洋生物展览及刺激表演，是一处充满了奇趣和历险的旅游胜地。

六、商务科研产品

为了满足游客对于商务会议、教育科研等多样化的需求，滨海型旅游度假区可以打造滨海会议会展中心、海洋生态研究基地等商务科研产品。

1. 滨海会议会展中心

滨海型旅游度假区可以打造具有滨海特色的会议会展中心，如举办海洋生态会议、世博会等海洋产业发展的会议。

以下为某滨海型旅游度假区的滨海会议会展中心开发思路。

本项目将打造中国最具特色、最有吸引力的会议会展中心，其开发思路为以下几点。

① 打造不同规模、不同特色、系统性的会展会议中心，提供先进、专业化的硬件设施；以当地四星级和五星级宾馆内的会议设施作补充；共同构建规模齐全、设施先进的会展场馆体系。

② 成立专门的政府管理营销机构——××湾旅游会奖会展旅游开发促进处。

③ 大力培育专业的会议旅游服务企业，如专业会议活动组织公司、礼仪公司、翻译服务公司、声像器材服务公司、影像制作公司、团队客运服务公司、租车公司、餐饮服务公司等。

④ 以当地爱情文化节、观潮节、美食节等活动为引擎，打造"旅游会展目的地"的品牌。

⑤ 引进社会影响大、经济实力强的集团公司或行业协会，创造条件，承办各种门类的展览。

⑥ 举办面向全世界的会议或展览，如海洋生态会议、中国东盟博览会（分会）、国际商务及会奖旅游展览会、度假世博会等。

2. 海洋生态研究基地

对于稀缺的海洋生物，可以设立海洋生物研究中心与教育基地，打造集科研、保护、教育、观赏等功能于一体的海洋生态研究教育基地。

以下为某滨海型旅游度假区的海洋生态研究基地开发思路。

本项目是国内第一个综合性专业白海豚研究教育基地，形成以白海豚研究、保护、观赏等为核心活动的多维度产业链。

① 设立中华白海豚救护与教育基地，建设海豚表演馆，构筑"白海豚之家"，创造海中的自然浴池。

② 建设海底世界项目，组建海洋生物研究中心，保护海豚数量，维护海洋生态。

③ 为人与海豚的接触创造条件，提供一个具有治疗、休养和娱乐功能的环境。

第四章

湖泊型旅游度假区开发

第一节 湖泊型旅游度假区开发条件
第二节 湖泊型旅游度假区总体开发思路
　　　　 与规划布局要点
第三节 湖泊型旅游度假区产品开发方向

第四章 湖泊型旅游度假区开发

　　湖泊型旅游度假区开发是指依托湖泊优美的自然景观、良好的生态环境、丰富的水产资源、深厚的历史文化积淀以及结合湖区周边山地森林、温泉、湿地等自然资源，而进行的滨湖度假物业、滨湖生态养生与运动休闲、湿地娱乐观光等滨湖特色旅游度假产品的开发。本章结合具体的案例对湖泊型旅游度假区的开发条件、湖泊型旅游度假区的总体开发思路与规划布局要点、湖泊型旅游度假区的产品开发方向等内容进行阐述。

第一节　湖泊型旅游度假区开发条件

　　对于湖泊型旅游度假区，其成功开发离不开丰富的滨湖旅游资源、优异的地块条件以及有利的湖区发展规划。

1. 丰富的滨湖旅游资源

　　成功开发的湖泊型旅游度假区一般具备以下的资源条件。

　　① 优美的自然湖泊景观、良好的水质资源、优越的生态环境以及湿地、温泉等自然资源。

　　② 滨湖风景建筑、较为深厚的地域文化底蕴等历史人文资源。

　　以下为某湖泊型旅游度假区的特色旅游资源。

　　（1）自然环境

　　① 地形地貌。××湖是位于××市境内的一座中型水库，是××市工农业和城市生活用水水源地之一。规划区周边地域为典型的丘陵地带，地势起伏，南高北低。规划区最高处为××山，海拔183.2m，最低处为××水库，库底海拔72m。规划区整体地形较为平缓，土层深厚，土壤肥沃。规划区内农用耕地大部分为潮褐土。

　　② 水文与水质。××湖控制流域面积288km^2，水域面积约65km^2。1958年动工兴建，1966年竣工，工程总投资12000万元，主体工程有大坝、溢洪道、输水洞。水库总库容0.9025亿立方米，设计灌溉面积9.68万亩，年供水量510万吨，是一座以防洪、灌溉和工农业供水为主的全国防洪重点中型水库。年平均降水量692.9mm左右，可利用量较大。

　　××湖曾经进行大规模渔业养殖，水库网箱在规模最大时曾达3000余个。养鱼过度曾给水库造成了很大的生态破坏。出于生态保护的目的，现在

××湖水域已停止网箱养殖，目前水质条件良好，并处在不断提升阶段。

③ 气候条件。项目所在地域属温带半干旱大陆性季风气候，年平均气温12.9℃，无霜期为189d，年平均日照时数为2563.8h，光热资源丰富，基本能满足作物一年两熟的需要，适合农、林、牧、渔各业的发展。

④ 动植物。××湖东西两岸大面积的山峦原本植被条件较差，近年来当地实施了规模颇大的生态绿化工程。目前，附近山峦的植被覆盖已有较大改善，形成了大面积的林地与苗圃。境内主要植物种类包括松、柏、杨、山楂、花椒、桃等，主要野生动物包括兔、獾、猫头鹰、麻雀、蜂、蛇、青蛙、鱼等。

（2）人文环境

① 历史文化。××湖所在地人文资源丰富，文化底蕴深厚。在清代是辐射鲁中、跨江（长江）越河（黄河）的著名商品集散地，被誉为"金周村""旱码头"。蒲松龄曾经在周村的毕氏尚书府教书33年，期间创作了《聊斋志异》。

② 古迹建筑。规划区主要古迹建筑包括位于湖区北侧的××山风景区××庙和位于湖区南岸的××佛寺。区内村庄数量较多，主要村落均保留一定的传统民居特点。

③ 旅游商品。××湖地区主要农业产品包括玉米、花生、大豆、桃等，渔业资源丰富，淡水养殖发达，周围村庄渔家乐等餐饮较多。相关旅游商品主要包括陶瓷、琉璃、内画、刻瓷、丝绸、大染坊、粗织布等。

④ 人文活动。花灯、民间扮玩、打铁花、五音戏等民俗艺术深受人民群众喜爱。民间扮玩的代表项目"周村芯子"已申报省级非物质文化遗产。

（3）旅游资源

① 旅游度假区总体特征

a. 湖泊景观突出、综合优势明显。开阔的湖泊景观是本地区旅游开发的最大亮点，旅游区主要特色包括大气的湖泊景观、完整的生态环境、迷人的田园风光、多彩的民俗文化。

b. 生态环境优良、环境康益性强。规划区内山水优美，以农林业为主要产业，工业、农业污染较少，生态环境优良。整个旅游区地形开阔、山形和缓、水源充沛、阳光充足、冬暖夏凉、气候宜人、景色优美，环境的康益性较为突出。

c. 乡村风情浓郁、乡土资源丰富。规划区水域辽阔，独特的水文条件造就了本地多样的自然环境与丰富的农渔物产，农、渔、牧风情浓郁，农田、苗圃、果园、湿地各具特色，旅游资源具有较强的自然乡土特色。田园观光、特色餐饮、民俗接待等已具有一定基础。

d.历史文化悠久、文化背景深厚。××市自古以来具有深厚的文化底蕴，区域内齐文化、聊斋文化、商贸文化等具备较为深厚的地域文化背景。规划区内××庙、××佛寺等历史文化遗迹也为旅游区增加了几分传统宗教文化的特色。

② 旅游资源类型。规划区以××湖山水风光、乡村田园为主要自然景观，并蕴藏了独具地方特色的历史遗迹和民俗风情，具有优质的、可供度假利用的自然人文资源。旅游承载力较高，度假环境独特性好。每年具有半年多的适宜度假的气候，优美的自然风光，很高的空气质量，较好的地表水及生态环境。

a.自然资源。

（a）湖泊。××湖景色宜人、得天独厚。湖水充足、清澈，水面开阔，碧波荡漾，湖水面积$5.3km^2$。××山水库面积较小，成为××湖旅游度假的有益补充。

（b）丘陵。××湖四周山岗起伏，山缓水阔，环境优美，景色宜人，湖光山色，交映成趣，别具风格。××花山、××东山、××口山环拥××湖，形成了湖光山色的绝佳美景。

（c）生态。××湖周边地带草木丰盛，生态环境良好。杨树、柏树、果园覆盖广泛，疏林草地郁郁葱葱，野花遍布，湿地白鹭栖息其中，一派自然生态美景。

b.人文资源

（a）乡村田园。××湖周边乡村田园气息浓郁，村落原始，阡陌纵横。传统农业活动为主，周边田园盛产玉米、花生、大豆等农产品。××湖水产丰富，渔家产品深受游客欢迎。

（b）传统聚落。××湖周边传统聚落零散分布，具有典型的齐鲁农家聚落风格，表现了浓郁的传统文化、民俗文化。这里传统渔家数量众多，渔家乐发展良好，传承了渔家文化传统。

（c）人文活动。××湖所在的地区深受齐文化影响，一年一度的齐文化旅游节受到外地游客和本地居民的热烈欢迎。××湖周边社会文化活动遗址遗迹数量众多，××庙、××佛寺，承载了这里的久远记忆。

（4）××湖旅游资源分类

表4-1为××湖旅游资源分类。

表 4-1　××湖旅游资源分类

主类	亚类	基本类型	资源单体
A 地文景观	AA 综合自然旅游地	AAA 山丘型旅游地	××花山、××东山、××口山、××山风景区
	AC 综合自然旅游地	ACD 石（土）	红色岩壁、黄土壁
B 水域风光	BA 河段	BAA 观光游憩河段	×阳河、白×河
	BB 天然湖泊与池沼	BBA 观光游憩湖区	××湖、××山水库
C 生物景观	CA 树木	CAA 林地	杨树林、柏树林、苹果园
	CB 草原与草地	CBA 草地	疏林草地
	CC 花卉地	CCA 草场花卉地	野生植物及花卉
	CD 野生动物栖息地	CDC 鸟类栖息地	湿地白鹭栖息地
E 遗址遗迹	EB 社会文化活动遗址遗迹	EBC 寺庙	××庙、××佛寺
F 建筑与设施	FA 综合人文旅游地	FAG 社会与商贸活动场所	渔家乐
		FAD 园林游憩区域	荷花生态园
		FAE 文化活动场所	孔子文化园
		FAK 景物观赏点	水上游乐园
	FD 居住地与社区	FDA 传统与乡土建筑	英式别墅
		FDC 特色社区	度假别墅
	FG 水工建筑	FGA 水库观光游憩区段	环湖路大桥、码头、大坝
G 旅游商品	GA 地方旅游产品	GAB 农林畜产品与制品	玉米、花生、大豆、水产品
H 人文活动	HC 民间习俗	HCA 地方风俗与民间礼仪	齐文化旅游节

2. 优异的地块条件

具备以下几个特点的地块更有利于湖泊型旅游度假区的开发。

① 紧靠核心湖区，景观价值大。

② 规划用地类型多样。

③ 内部交通便利，与周边主干道相通。

④ 市政基础设施、配套设施相对完善。

以下为某湖泊型旅游度假区的地块条件。

（1）地块规划

项目位于××湖风景区西岸片区核心区域，拥山环湖，景观资源丰富，由高尔夫体育公园和游艇码头、酒店和国际会议中心、国际长寿村共同组成。

① 项目地块位于××湖风景区西岸核心区域，占地 2500 亩。

② 项目由若干组团地块组成，综合容积率 1，可建体量 140 万平方米。

③ 1700 亩的××半岛规划修建 27 洞高尔夫球场。

④ 规划酒店和国际会议中心占地为 300 亩。

⑤ 项目地块内部自然绿化丰富，多以绿地植被和小型树木为主。

⑥ 项目地块为毛地，内部建筑物极少，仅少量农房。

⑦ 项目拥有2个共285亩内湖和100亩湖岸绿化用地，环境俱佳。

（2）地块功能划分

用地依照功能分为五星级酒店区、国际会议中心区、特色餐饮区、国际风情小镇商业区、服务式公寓住宅区和老年绿色生态住宅区6大部分。

（3）内部路网

① ××湖西岸片区路网四通八达，与外部连接性好。

② 项目内部交通便利，与主干道相连接，多条次干道和支路贯穿项目内部。

③ ××半岛规划交通道路众多，满足了高尔夫球场建设需求。

④ 内部规划滨湖大道，道路与景观相互融合。

（4）市政设施

××湖沿岸电力资源丰富，不存在电力短缺的问题。规划区内水资源丰富，供水便利。

（5）经济结构

××湖经济结构主要以渔业和特色水果生产为主。西岸片区现以农业和夏橙、沙田柚种植为主要产业。××湖西岸海拔340m以下土地为国有土地，其余为集体所有土地（已经征用土地除外）。

3. 有利的湖区发展规划

国家及当地政府对湖泊开发制定相关的发展规划以及对发展休闲度假产业的政策支持等有利于度假区的开发建设。

以下为某湖泊型旅游度假区开发的相关规划。

（1）项目所在片区总体规划

① 规划范围：××街道行政辖区范围，总面积105.36km²。

② 片区定位：××市中心城市"一核四城"的重要组成部分，××市城市副中心。

③ 片区职能：××市未来重要的科技创新实践区、生态休闲旅游地和文明和谐宜居地。

④ 规划结构：规划区规划形成"一核、一带、四片、两园、两点"的空间布局结构。

"一核"：滨湖新城核心区指以商业办公、高端住宅为载体的现代服务业中心。

"一带"：沿湖生态休闲带以生态观光、休闲旅游为主。

"四片"：×溪中心片区、×泾中心片区、国际教育园区、高科技产业片区。

"两园"：观光农业区、生态农业区。

"两点"：旺×村、西×村农村保留点。

××市第十一次党代会提出了中心城市"一核四城"的发展定位，南部滨湖新城成为重点推进区域。本次总体规划将本片区定位为××市中心城市"一核四城"重要组成部分，该规划的编制实施对滨湖新城建设的全面启动具有重要意义。

（2）××湖国家旅游度假区总体规划

××湖国家旅游度假区将把旅游度假作为龙头产业，打造成国际知名的湖泊型休闲度假目的地。这是××湖国家旅游度假区（以下简称度假区）高屋建瓴、抢抓发展机遇的重大举措，对促进度假区的有序建设和旅游经济的更好发展有着重要意义。

总体布局：一体两翼，多点点缀。

"一体"：度假区中心区以"文化、游乐、运动"为三大主题，突出滨湖休闲度假特色。

"两翼"：×福与×山两个旅游资源片区。

根据规划，度假区将重点拓展度假功能，将旅游度假产业作为引领度假区持续发展的龙头；重视发展文化产业、传统手工业和特色农业，优化度假区产业结构。

第二节
湖泊型旅游度假区总体开发思路与规划布局要点

一、总体开发思路

结合湖泊型旅游度假区所拥有的突出的资源优势，比如湿地资源、历史文化资源、周边山地森林资源等，可以分别开发以湿地保护、山水生态休闲、水上运动、文化体验、温泉疗养等为主题的湖泊型旅游度假区。

1. 以湿地保护为主题的湖泊型旅游度假区

依托稀缺的湿地资源,可以打造以湿地生态保护为主题的湖泊型旅游度假区,重点开发湿地科普观光、休闲娱乐、生态度假等旅游项目,比如湿地博物馆、湿地植物园、湿地保健会所等。

以下为以湿地保护为主题的某湖泊型旅游度假区开发思路。

(1)发展目标

① 总体目标。依据××区"生态立区"的发展战略,以生态保护为核心,绿色科技引领,生态旅游驱动,城乡统筹发展的总体发展思路,形成人工湿地恢复与保护、原生态休闲度假、生态居住示范、现代都市农业、历史人文感知、商务休闲六大功能体系,规划并发展湿地科普观光、原生态野趣旅游、湿地休闲度假、历史文化保护四大旅游群落。

② 近期目标。规划区将成为××区"生态立区"战略下的标杆项目,凭借上风上水的区位,成为××区的"城市之肺""城市之肾",为城市提供氧源。依托良好的生态环境,大力发展休闲度假产业,形成环境一流的生态型、文化型休闲度假区。

③ 远期目标。生态宜居、居业一体的新都市发展组团。依托良好的生态资源和旅游设施,开发旅游地产,开创和构建××区生态型的宜居宜业新天地。

(2)功能体系

① 观光科普功能,可打造湿地多媒体互动中心、湿地博物馆、湿地生态技术示范区、观鸟设施等项目。

② 湿地娱乐功能,可打造渔乐区、运动嘉年华、湿地历险等项目。

③ 文化体验功能,可打造湿地美术馆、地下博物馆、历史广场等项目。

④ 生态居住功能,可打造东方水乡庭院、英伦风情小镇等项目。

⑤ 休闲养生功能,可打造康疗中心、六星级度假村、蜜月酒店等项目。

⑥ 都市农业功能,可打造香草情园、养生田园等项目。

(3)旅游定位

① 目标客源市场区域空间

a.一级市场:市区及近郊区县的市民乡村旅游客群。

b.二级市场:市区周边市县,特别是北线的过境旅游客群。

c.三级市场:省内及全国各地目的性旅游客群。

② 旅游形象定位

a.水境——观光科普。围绕湿地核心丰富的水域,开发湿地观光科普类旅游产品，通过突出湿地公园科学内涵的深层次开发，满足人们探索湿地奥秘的好奇心，提高湿地自然科学知识普及的生态旅游精品项目。

b.沼趣——湿地娱乐。围绕湿地环境，积极开拓富有娱乐性和健康功能的活动形式，运用水陆结合的手法，开发滨水娱乐活动、沼泽娱乐活动、渔乐活动，如水上高尔夫、水上凌波飞车、溜波球等水上娱乐设施；沼泽足球、迷宫、智勇大冲关等团队拓展设施；以及垂钓、翻滚泥鳅塘等渔乐设施。

c.彩田——文化感知。依托汉文化保护区的历史文化资源，形成以历史文化、民俗文化为主的文化体验区；并结合广袤农田，发展名贵花卉种植业，形成大地景观，两业并举，均衡发展。

d.雅筑——居住度假。作为生态旅游的配套服务区，通过建筑与环境的结合，东西融合，展现东西方新水乡的不同风情，满足旅游与建筑双重功能，主要产品为度假村、商务休闲会所、商业娱乐区、生态居住等。

（4）土地利用规划

表4-2为土地利用规划。

表4-2 土地利用规划

名称		数值/ha	比例
总用地		1070.47	100%
水域及其他		177.81	16.6%
城市建设用地		892.66	83.4%
其中	道路用地	81.3	7.6%
	绿化及湿地	395.5	36.9%
	居住	230.92	21.6%
	商业金融	73.3	6.8%
	商务办公	50.6	4.7%
	旅游设施用地	39.23	3.7%
	文化设施用地	16.78	1.6%
	停车场	5.04	0.5%

（5）功能结构

功能结构如图4-1所示。

图 4-1 功能结构

2. 以山水生态休闲为主题的湖泊型旅游度假区

对于既有湖泊资源,又有特色山地森林资源的旅游度假区,可以打造以山水生态休闲、运动休闲为主题的湖泊型旅游度假区,重点开发滨湖游乐、山林运动、森林度假等多样化的旅游产品。

以下为以山水生态休闲为主题的某湖泊型旅游度假区开发思路。

（1）项目定位

① 首要前提：尊重天然特色（山、湖、林、田），以山林体现特色,以天然体现高端。

② 合纵连横：突破行政界限,联系××山脉两侧××大道示范带与××湖景区,实现一体化发展。

③ 多元体验："环湖亲水"溯灵美，"林海听涛"享养生，"拥山望水"乐宜居。

④ 山地度假：借鉴世界知名案例模式,突出山地度假的私密性、全景视野和森林养生体验软性服务。

（2）项目体系

结合××湖区域内现有的自然资源和产业发展要求,构建以"山""林""水"为主题特色的项目体系,实现片区内全方位的旅游体验。

地形地貌（山）：紧邻丹×山、三×山两山环抱；地形坡度较平缓。

森林资源（林）：以灌木和草本植物为主；乔木呈散点状分布；主导树

种以绿色为主色调。

湖泊资源（水）：水域面积800亩；水域呈狭长不规则带状。

结合森林、湖泊、山地现状资源，开发以下项目，为游客提供全方位度假体验。

① 接待服务项目，比如野味餐馆、峡谷山庄、商务度假酒店、森林旅社、川菜食府、商务会议。

② 森林度假项目，比如森林天然浴场、森林养生馆、户外瑜伽馆、草莓谷、枇杷坡、樱桃岭、林间别墅、生态住宅、野外烧烤营地、红叶情人谷、花田四季谷。

③ 山地运动项目，比如山林探险营、真人CS野战场、林地越野场、汽车帐篷野营地、山地自行车。

④ 滨水游憩项目，比如水上垂钓、生态廊、湿地会所、生态湿地公园、生态湿地栈道。

（3）功能结构

① 湖泊生态保护区。设置水坝，稳定水位，打造展现特色的山水交界景观形象，结合湖泊、山谷改善周边环境，打造滨湖生态湿地景观。

② 山谷旅游天地。东部依托山脉地形，发掘山谷特色，旅游产品沿山谷展开。

③ 森林度假区。利用山谷与水湾之间的景观联系，在山地与湖泊之间，结合森林旅游功能，设置私密的森林度假区。

（4）项目分区

结合现状资源分布和项目的功能定位，整个项目区域划分为下列五个片区（图4-2）。

① 旅游小镇：主要功能为旅游接待和商业服务。

② 滨水游憩区：结合××湖以及滨湖生态湿地，主要功能为滨水休憩项目。

③ 山林游憩区：结合山地资源，主要功能为山地户外运动。

④ 森林度假区：结合森林林地资源，主要功能为居住和养生。

⑤ 生态山林区：作为生态背景区，主要种植经济树林。

3.以水上运动为主题的湖泊型旅游度假区

针对水上运动爱好者和专业运动员，利用湖泊水体资源，可以打造以水上运动为主题的湖泊型旅游度假区，重点开发水上自行车、水上冲浪、水上

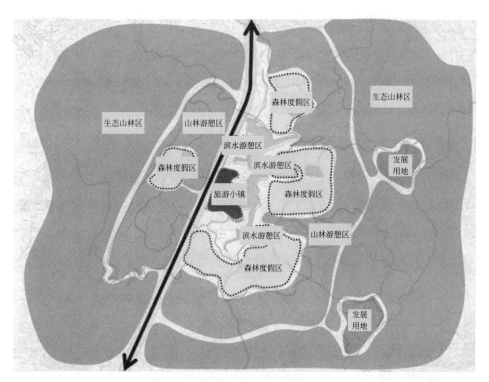

图4-2 项目分区图

快艇、潜水等特色水上运动,既可以作为游客休闲运动中心,也可以举办体育赛事和作为运动员的运动训练基地。

以下为以水上运动为主题的某湖泊型旅游度假区开发思路。

本度假区面积$85.58km^2$。四周有连绵起伏的丘陵、森林、牧场和土地。因××火山形成的锥形地势主导其东部景色。湖泊为当地居民提供了众多的全年活动。

度假区以各类水上、陆上运动为核心形成了众多的各类休闲度假俱乐部,并定期组织各类水上、陆上运动比赛及与之相关的嘉年华形式的主题节日活动,不仅吸引了运动爱好者,还吸引了会奖旅游、休闲度假等众多旅游项目的形成。

（1）水上活动

本度假区设置的水上运动项目包括风帆冲浪、垂钓、划艇。

（2）陆地活动

陆地活动包括骑马、骑自行车、登山。

（3）服务设施

服务设施包括酒店、××牧场、旅馆、××度假村、××小木屋。

4. 以文化体验为主题的湖泊型旅游度假区

由于湖泊资源的可再生性，湖泊型旅游度假区容易被模仿，因此，通过深入挖掘区域历史文化、民俗文化并赋予项目文化内涵，可以让项目形成差异化竞争。比如可以依托养生文化、宗教文化、民俗风情文化等文化主题，并围绕这些特色主题文化打造相关的文化体验旅游产品。

以下为以文化体验为主题的某湖泊型旅游度假区开发思路。

（1）项目定位思路

① 主题创新。赋予项目文化底蕴，紧靠"长寿"话题，打造与主题相关的配套设施。

② 功能创新。精确处理高尔夫、酒店、商务、住宅之间相互关系，并能够贴近养生。

③ 形态创新。符合项目特色，提升产品形态，并且能强势打开市场的创新产品。

（2）主题定位

① 项目定性分析

a.项目位于××湖风景区西岸，离主城区约1h车程，一定程度上决定了项目具有一定"旅游地产"的性质，具备打造休闲度假的第二、第三居所的条件。

b.项目首期达到2500亩，达到造城规模。地块内有山有水，水域辽阔，自然资源丰富，具备打造高端度假地产项目的先决条件。

c.项目初步规划的27洞高尔夫球场、星级酒店、高端会议中心、游艇会等高端配套为项目注入品质特征。

d.××湖与长寿文化养生之间的连带效应。

② 项目主题定位。养生文化、湖居文化、生态文化、退休社区养生、中西合并。发扬中国文化内涵，以生态筑城为核心理念，打造以生态度假、高端配套、文化艺术和休闲娱乐为一体的，领袖中国、辐射全球的国际顶级休闲养生之城。

（3）形象定位

浓厚的中式养生文化和具有异域风情的高尔夫运动的结合，不同的主题营造不同的文化氛围。

① 国际高尔夫养生度假区。拥有国际标准级的27洞高尔夫球场、异域风情养生会馆、特色风情商业街、国际五星级养生主题酒店、生态商务会议中心、国际养生度假酒店式公寓、国际休闲度假养生住区。

② 国际中式养生长寿村。国学戏剧饮食秀场、梨园曲艺会馆、禅学文化

道场、中国茶棋琴画文化会馆、中式养生长寿住区。

（4）客群定位

① 项目客群分类

a.按产品品类分类：三世同堂、私企业主、名门世家。

b.按客群属性分类：有自己的企业、文化内涵气质不凡的中年人，追求生态、健康生活的家庭。

② 客群属性

a.生存状态

（a）经济基础：实力强；收入高且稳定，且处于事业高峰期。

（b）生活现状：有一套或多套物业，追求健康的休闲方式。

（c）家庭结构：成熟、稳定，三世同堂，或者两代一家。

（d）生命周期阶段：已婚状态、有小孩且年龄在5岁以上；企业发展初具规模。

（e）事业观：在事业上有一定的成就感，并有着强烈的追求感。

b.生活价值观

（a）追求生态理念，热衷休闲度假，不管是生活还是工作，总在寻求一个舒适的环境。

（b）注重生活品质，以享受型为主，对居住的环境和物业的品牌要求高。

（c）喜欢享受生活、休闲、娱乐空间，需要缓解、释放精神压力。

③ 客群心理诉求

a.亲近自然、享受自然、占有自然，独享宁静的私人会所。

b.事业成功，社会地位较高，执行能力强，占有欲强。

c.商务会谈、办公洽谈与休息结合，过程轻松，彰显身份。

d.追求品质、细节，生活稳定富足。喜欢安宁，亲近自然，享受惬意的生活环境。

e.生活规律性强，注重自身内、外在素养。

f.喜欢高尚娱乐、出入高端运动会所等。

g.喜欢宽敞、舒适、奢侈的住宅产品，注重楼盘品牌。

h.喜欢拥有自己的一片私密空间，对于产品细节、居所配置等更为挑剔。

i.对于城市未来规划及价格、性价比等因素较为弱化。

④ 项目客群定位。项目客群定位为中年一代，大部分出生在20世纪60～70年代，是家庭的顶梁柱，在事业上有一定的成就感，是家庭的主要依靠，内涵丰富，有一定文化层次，生存品质要求高。

他们正处于事业的高峰期，有自己的企业，有广泛的人际关系，对事业的发展永无止境，企业交流事件频繁，广泛结交名流政客。

（5）产品组合

项目一期紧邻高尔夫球场，欧式风情浓郁。因此，建筑风格建议采用欧式风格。产品组合包括高尔夫球场、商务会议中心、养生主题酒店、异域风情养生会馆、养生度假酒店式公寓、休闲度假养生住区。

项目二期紧邻打造为国际养生长寿村，养生文化凸显浓厚中式文化。因此，建筑风格建议采用现代中式风格，与项目一期形成区隔。产品组合包括国学戏剧饮食秀场、梨园曲艺会馆、禅学文化道场、中国茶棋琴画文化会馆、中式养生长寿住区。

（6）整体规划

项目分为A、B、C、D四区，A区为国际高尔夫养生度假区，B区为国际中式养生长寿村，C区为中国养生文化基地，D区为27洞国际标准高尔夫球场，如图4-3所示。

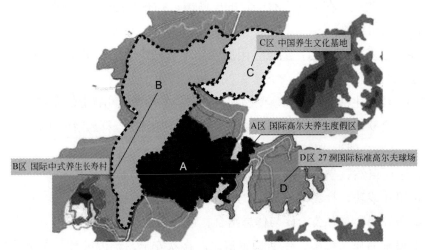

图4-3 项目整体规划图

5.以温泉疗养为主题的湖泊型旅游度假区

对于同时具有温泉资源的湖泊型旅游度假区，可以将温泉疗养与湖泊景观相融合，打造湖景温泉疗养的度假胜地，充分利用温泉资源开发温泉休闲馆、温泉养生会所等温泉休闲养生旅游产品。

以下为以温泉疗养为主题的某湖泊型旅游度假区开发思路。

（1）旅游发展总体定位

以水主题为特色的，以滨湖度假、生态旅游、文化休闲、诗意栖居为核心功能，以一核三区为支撑的，具有国际级水准的河湖海相连、湿地温泉荟萃的旅游度假胜地。

（2）形象主题定位

该旅游度假区的形象主题定位是巨湖大美、温泉胜地、亚洲大湖、连河通海。建设风格突出以下特点。

① 突出水城特点。
② 温泉度假以中式简约风格为主，融入黄河和古齐的文化符号。
③ 游乐设施以西式简约风格为主。融入水和湿地文化。
④ 重质朴，轻奢华；重生态，与环境相容，轻工业化。

（3）发展目标

以××湖生态资源、区域温泉资源为基础，以"改善生态、塑造景观、发展旅游、带动开发"为基本原则，塑造河湖海相连、湿地温泉荟萃的旅游度假胜地的高端旅游品牌形象。

（4）发展策略

① 复合开发。增加人气，平衡资金，提升价值，吸引投资。
② 优势聚合。将河湖海温泉湿地资源系统化考虑，发挥资源集中的优势。
③ 山水树岸。想尽一切办法，打破单调的空间和景观。

（5）功能分区与空间组织

本旅游度假区由三个功能区组成，即以湖区为主构成的水世界主题游乐区、以沉砂池为主构成的湿地保护游览区和以西侧腹地为主构成的温泉镇区。

二、规划布局要点

湖泊型旅游度假区的规划布局要重点关注对湖区的生态保护，并进行较低强度的开发，在生态保护的前提下对项目进行功能分区以及旅游产品的设计。下面主要对湖泊型旅游度假区进行规划布局时要遵循的原则、整体布局要点、道路交通规划要点、绿地景观规划要点以及滨湖生态保护措施等进行阐述。

1.规划布局原则

对于湖泊型旅游度假区，其在开发过程中应遵循以下的规划布局原则。
① 对地块进行充分利用，合理利用湖区、湿地等亲水空间。
② 对湖区生态环境的保护。
③ 深入挖掘地域历史民俗文化，赋予地方特色文化内涵。
以下为某湖泊型旅游度假区开发的规划布局原则。

（1）区域统筹原则

本旅游度假区的发展定位从中国西部及更高区域层面进行考虑，注重分析该地区与周边城市功能的互动关系，打造具有国际水平、特色鲜明的旅游度假区，为本区乃至本市的经济社会发展和空间品位、区域地位的提升做出积极贡献。

（2）生态优先原则

生态湿地是本项目的根本定位，规划坚持以生态系统为基础，充分体现其生态环境特色并特别注重其生态环境的保护、维育，维护生态平衡，确保湿地整体可持续发展，继而提高整个度假区的环境质量。

（3）文化底蕴原则

按照历史文化和现代文明交相辉映的要求，以地域生态、地方文化与民间传统为底蕴，深入挖掘当地及周边历史文化资源，融入文化元素，赋予度假区项目文化内涵，富有地方特色。

（4）以人为本原则

规划遵循以人为本的原则，充分区分与整合公众游客、特定团体等的不同需要，合理进行功能组织，设置游览项目与服务设施，构筑开放、舒适、方便并拥有湖区和湿地亲水空间的公共活动场所。

（5）可持续性原则

规划考虑分期建设，既满足近期的规划要求，又保证未来发展的整体协调。

（6）地块优化利用、大疏大密的原则

对地块优化利用，有效用地保证居住的舒适性和景观的愉悦性。保护现有地形格局，延续地脉，适当改造地形，使之更适于人居生态环境，尽量利用原有地貌特征进行景观设计。

（7）集中组团开发的原则

以组团为基本单元进行开发建设，根据实施先后顺序，开发建设的同时，尽量保留基地现有植被。

2. 整体布局要点

对于湖泊型旅游度假区，其整体布局一般以湖泊为中心向周边分层开发，形成湖面、湖滨岸畔、环湖延展区的湖、岸、腹地的开发体系，并根据湖、岸、腹地所拥有的资源特点打造相应的旅游产品。

以下为某湖泊型旅游度假区的整体布局。

本项目建立"湖、岸、腹地"的分层开发体系组织旅游休闲活动，各层开发准则、开发强度各有不同。

（1）湖（湖面旅游）

旅游项目：湖中岛屿上的观景活动、游艇、帆板、水上农业观光。

开发原则：尽量减少人类活动对湖区生态环境的干扰。

开发强度：低。

开发要点包括以下内容。

① 在兼顾环境保护的同时，有选择地开发多样化水上活动，最大化发挥水体旅游价值和水生生物旅游价值。

② 众多中低价位的消费吸引了大量的大众游客，让××湖公园保持了持续的人气。

③ 湖区内严格禁止游泳和驾驶汽油动力的船只，避免人类活动对生态的影响。

（2）岸（湖滨岸畔）

旅游项目：湖滨观光和休闲运动、观赏候鸟、水族馆、湖滨浴场等。

开发原则：通过设施打造创造与水面直接的联系。

开发强度：中。

开发要点包括以下内容。

① 创建多节点的特色景点和设施，提升××湖岸畔沿线活动的多样性，丰富游客度假生活。

② 通过打造亲水设施、独特品质的景观空间及休闲商业等设施避免岸线的单调感。

a. 通过打造亲水设施创造与水面更直接的联系。

b. 在环湖保护岸线界限外，增加零售、餐饮以及休闲娱乐空间。

c. 建造若干个具有特殊品质的景观空间，避免单一岸线的单调感。

d. 有条件的岸段建设或恢复湖滨湿地，对湖滨地带进行生态绿化建设，扩大湖滨的视野。

（3）腹地（环湖延展区）

旅游项目：更大范围内的观光、休闲、疗养、会议、考察和居住。

开发原则：度假区与相邻土地利用区之间的缓冲带。

开发强度：高。

开发要点：发展成为××湖区高档住宅、主要文化商业活动的中心，具体如下。

① ××湖公园外围的腹地依托湖泊，在更大范围内开发度假旅馆、餐

厅、商业精品店与博物馆。

② 片区内一切建筑开发均以环保节能为基础，外观设计要求与周围环境和谐一致，建筑规划、选材和施工均需符合所在区域环保节能要求。

③ 通过打造风格化的建筑、创新的规划设计来营造闲适、自然、原味的居住、休闲氛围。

3.道路交通规划要点

湖泊型旅游度假区的道路交通系统规划在保证项目通行的便捷、安全的前提下，应充分利用湖泊景观资源设置环湖景观步道、自行车道等景观道路，营造旅游休闲度假的氛围。同时，应完善或开发水上交通路线，建设水上游艇码头等。

以下为某湖泊型旅游度假区的道路交通规划。

（1）道路交通规划原则

本项目交通系统的设计依据是"以人为本，生态优先"的理念，合理组织人流和车流，兼顾住区物业封闭管理模式及统一智能化管理设计，并与小区景观设计和消防要求相结合，从而在交通组织上形成一个有利于生态环境的交通系统，以提高机动性和可达性，满足人们出行和生活的便捷、安全、安静的需要。

① 车行交通。本用地内的地形比较复杂，有大面积的山体，因而道路采用自由曲线的形式，尽量较少开挖土方，保护用地内原有的自然生态资源。为了尽量减短住户停车后的步行距离，采用部分尽端式的停车方式，同时利用靠近车行道的住宅首层和利用场地高差设置住户停车库。

② 步行交通。充分利用场地内原有的自然生态资源，营造让住户参与的水面环境和山体空间。以亲水平台、观景平台、广场、游廊、凉亭等配套空间，结合优美的湖滨、柔美的绿山，激活内部资源价值。并通过步道向两侧住宅院落分流，形成安全独立的、便捷的、步移景异的、树枝状的步行人流体系。

（2）现状交通系统存在的问题

××湖周边道路交通系统不完善会阻碍××湖周边旅游项目的开发和发展，主要存在下列问题。

① ××快速路穿县城而过，给居民的生活和来××县的旅游游客造成安全上和环湖顺畅性的极大不利影响。

② 随着××湖周边旅游的发展，东边的乡村道路和北边的省道已经不能满足村民生产和旅游同时使用的要求。

③ 整个湖北边是未来旅游开发的重点区域，但该区域内道路系统比较简单，没有形成网状结构，不利于交通的均匀分布和组织，对区域旅游和其他产业的开发形成阻碍作用。

④ 整个湖没有水上交通系统，水上旅游没有得到很好的开发。

⑤ 缺少对整个湖游线的考虑，缺少停车场等静态交通设施。

（3）道路系统规划

① 道路交通系统的格局。整个规划区道路系统分为快速路、旅游主干路、旅游次干路。道路采用网状的布局形态，既有利于旅游产品的开发，提高土地使用效率，又有利于交通的均匀分布和组织。整个大的交通系统形成"一横、一纵、一环"的格局。

a.快速路。××快速路是城市的主要交通道路，是××县对外交通的主要通道，是交通系统格局上的"一纵"。为了形成完善的环湖交通道路，规划新建从××湖到县城段的××快速路，道路红线控制在20m。现有的××快速路保留，改为××湖环湖道路。

b.旅游主干路。主要旅游交通道路是联系各个旅游功能地块之间的主要通道。本次规划的旅游主干路是环湖路（一环）和通向××村的××省道（一横），它们与次干道构成规划区内完善的道路系统。道路红线根据地形情况和交通流量控制在10～18m之间。

c.旅游次干路。各旅游功能地块内主要的辅助性干道，其两侧可设置公共建筑物、机动车和非机动车的停车场和出租汽车服务站，为功能地块内的主要交通通道。道路红线控制在6～8m。

在主干道和次干道的基础上，在各个功能地块内部进一步细化设计了园区支路，与主干路、次干路一起构成整个产业园区完整的道路网架。道路红线控制在2～6m。

② 道路交叉口规划。规划道路交叉口除了××湖和××村为立体式交叉口外，其余道路都是平交路口。随着旅游的发展，根据今后交通量增长情况，增加次干道道路网密度。

（4）交通节点打造

① 社会停车场。停车场布局考虑各种交通方式之间的衔接换乘，引导交通出行结构向合理化方向发展。结合用地性质布置，在强化停车配建标准的同时，结合人流、车流集散点布置。

a.社会公共停车场。在规划园区设置2处大型社会公共停车场，一处在规划区的北边，游客中心设置500辆车的停车场。为配合农家乐的开发，在牛×村建设一个可以停放300辆左右机动车的停车场。

b.配建停车场。在其他功能板块内按照城市规划相关标准配建停车场，配建机动车停车位大于50个时，出入口不得少于2个，出入口之间的净距离需大于10m，出入口宽度不得小于7m。当设有两个出入口有困难时，可改设一个出入口，但其进出口通道的宽度不得小于9m。

② 广场。在规划区内根据周边产品设置3处广场，一处在游客集散中心，一处在牛×村，另外一处在程×村附近，广场跟停车场结合在一起，广场总面积为3万平方米，其他的广场随着旅游项目的开发需要后期来建设。

③ 游船码头。随着××湖旅游的开发建设，根据周边地块功能及水源保护区范围要求，规划在××湖建设6处游船码头。

4.绿地景观规划要点

湖泊型旅游度假区应重点围绕核心湖区进行景观节点设计，打造环湖景观区域，并可以通过环湖景观的构建，以及湿地、山林谷地、休闲区域品质的打造形成一个环湖的大景观区域。通过景观绿带及视线通廊尽可能将湖景渗透到各地块，从而提高整个旅游度假区的土地价值。

以下为某湖泊型旅游度假区的绿地景观节点设计。

本项目景观节点设计包括下列内容。

（1）节点一

① 本景观节点临近××江大道和××城路的交叉口，由滨水商业街、滨水餐厅街和酒吧街三部分组成。

② 临近城市道路的滨水休闲广场这一大型城市空间将人行流线引入弧形的滨水空间，在这里设计了游船码头，可由此乘船进入其他区域。三条步行街由多座步行桥联系起来，围绕水面成为一个整体。文化艺术中心置于水上，成为整个区域的标志。

③ 规划设计着重强调建筑与滨水环境的融合，三部分的建筑分离布置，使得互相之间的观赏成为可能，建筑之间的步行桥联系增强了空间的趣味性，水上的文化艺术中心更是使整个空间有了一个醒目的主题标志。

（2）节点二

① 本节点位于项目的核心区域，向南联系绕城路，中央商业街与之联系。由弧形的城市开放空间围绕水面，中心有游船码头。这里也是进入核心湿地的栈桥的起始点，周边形成多个半岛，分别布置湿地生态技术示范中心、湿地多媒体互动中心、湿地博物馆。

② 规划设计的概念是在此创造一个游客集散的主要空间，多种交通方式和各类展示建筑使空间变得更加丰富多彩。

（3）节点三

本节点主要包括养生会所酒店与别墅式酒店两大部分。分别面向以康疗为主要目的顾客群和高端客户市场。在空间布置上，注重别墅式酒店的私密性，多间别墅式的客房呈组团状分布，围绕山形的公共空间，在保证私密性的同时，又促进了人际交往。养生会所酒店则将客房分为两翼，面向水面展开，使建筑有良好的景观视野，并促进使用者与自然环境的接触。

（4）节点四

本节点包括××文化广场、××民俗村与地下博物馆三大部分。××文化广场位于中心位置，与其他两个建筑相连。文化广场以呈现巴蜀灿烂多彩的历史文化为主旨，以壁画、石刻、雕塑的形式展示这一主题。在广场的中心设计有一个开敞的多功能厅，可举办露天展览、文艺演出和其他各类活动。与之相关联的××民俗村分为多个村落，分别展示少数民族的各种风俗习惯和饮食文化特色。

5.滨湖生态保护措施

为了加强对湖体的生态保护，在进行湖泊型旅游度假区的规划布局时，根据生态敏感度，可以将其划分为不同开发程度的区域，针对核心保护区实施生态恢复，限制开发，保持原有自然景观风貌，以观光类旅游产品为主，并控制旅游人数，而对外围开发区则可以适当开发娱乐休闲等旅游产品。

以下为某湖泊型旅游度假区的生态保护措施。

本旅游度假区生态环境的恢复与营建措施如下。

（1）以生态保护为基础的功能分区

可借鉴的功能分区模式——自然保护区或国家公园模式。1994年国务院发布的《中华人民共和国自然保护区条例》规定自然保护区可以分为核心区、缓冲区和试验区，其中核心区是自然保护区保存完好的天然状态的生态系统以及珍稀、濒危动植物的集中分布区，除经允许的科研活动外，禁止任何单位和个人进入；核心区外围可以划定一定面积的缓冲区，只准进入从事科学研究观测活动；缓冲区外围划为试验区，可以进入从事科学实验、教学实习、参观考察以及旅游。

美国景观设计师理查福斯热于1973年提出了同心圆利用模式，他将自然保护区或国家公园从里到外分为核心保护区、游憩缓冲区和密集游憩区，见表4-3。

表4-3　同心圆利用模式各分区保护要求及功能规划

区域	区划定义	保护要求	功能规划
核心保护区	基本保存原始生态、物种繁殖典型区	严格保护，未经许可不得进入	科考、探访
游憩缓冲区	原始生态系统和演替生态系统交错地带	可开展一些不直接索取资源的活动	观光、探险、科考、徒步、漂流、滑雪、度假等
密集游憩区	包括演替型、次生型、农业生态系统在内的区域	可开展一些对上述两区没有污染与负面影响的活动	观光、娱乐、野营、运动、垂钓、狩猎、休闲度假项目，可建立接待中心、公路、停车场等设施

因此，借鉴以上核心区—缓冲区—外围地带理想的圈层模式，结合本规划区域水网密集、水资源充裕并重点发展生态旅游的特点，根据场地条件及开发强度原则，将全区结构分为三个圈层（见表4-4）。

表4-4　本旅游度假区各分区功能规划

区域	开发强度	功能规划
核心生态湿地	极低	湿地生态恢复和保育、汉墓保护、观光区域的主景观核心
湿地缓冲圈层	低（＜0.3）	科普教育、休闲度假、人文创意
外围生态开发区	中低（＜1.2）	休闲娱乐、度假村、农民安置、城市开发项目

（2）廊道的建立与水陆生态系统的连接

通过建立生态廊道改善生境片段化，保护岛屿生态系统的生物多样性。根据生态交错带与水岸生态系统理论，水岸生态系统的完整能保证水生生态系统与陆地生态系统的能量流动与物质交流，是保证水、陆生态系统健康和稳定的关键。

（3）环境保护

① 利用湿地进行科普、教学等活动，加强环保宣传。

② 区域内生活垃圾须统一管理，集中堆放；各景区所产生垃圾应实行环保处理；各区服务点的公厕最好以生态厕所为主，最终实现区域内零污染的目标。

（4）物种保护

① 植被景观。尽量保持和保护原生态的植被资源，加强对古树名木的保护；在现有植被资源的基础上，加强对天然次生林、人工林、湿地植物的抚育、改造，不断提高景区的景观质量。

根据当地气候条件，因地制宜引入和保育其他水生植物，丰富植被资源和景观要素。

② 鸟类招引。湿地是水鸟的故乡，丰富多样的水鸟是湿地功能恢复的重要标志之一，而且能成为区域内未来具有吸引力的景点资源，促进旅游业的发展。因此，在本项目的规划过程中加以考虑非常必要。

在核心生态保护区内设置专门的招引区，招引迁徙水禽和涉禽在湿地带内觅食、越冬，逐渐恢复湿地生态景观与功能；并以此为依托，积极研究各种水禽和涉禽的行为生态学和自然保育的方法；招引区外围需建设乔灌木相结合的沿湖林带以作自然屏障，隔离外界的干扰。

第三节
湖泊型旅游度假区产品开发方向

湖泊型旅游度假区拥有优美的湖泊景观、湿地景观、优质的湖水资源以及良好的生态环境等，依托这些特色的滨湖资源，其可开发的产品类型主要包括滨湖度假物业、滨湖生态养生与运动休闲产品、湿地娱乐与观光科普产品等。下面结合具体的案例对不同产品类型的开发思路进行阐述。

一、滨湖度假物业

充分利用滨湖土地资源及景观资源，可以打造多样化的滨湖度假物业，比如一线湖景别墅、酒店、洋房等观景居住产品；滨水别墅等环湖腹地度假物业；个性化亲水别墅、水主题生态住宅等滨湖特色度假物业等。

1. 一线湖景物业

利用观湖视野，可以打造景观别墅、景观洋房、酒店式公寓等多样化的观景居住产品。在进行一线湖景物业设计时，应注重对湖景资源的充分利用，比如大尺度的观景阳台、露台；奇偶层阳台错开以融入外部景观；适当调整户型朝向，强调湖景视野等。

以下为某湖泊型旅游度假区的一线湖景物业开发思路。

（1）规划分期

① 一期。推出精装修小户型，一期规划占地1.3万平方米左右，建筑面积约2万平方米，房间约200套，另外包括一个3000m²的高级会所。以较低

总价来冲击市场,树立项目高档而精致的形象。

② 二期。推出电梯空中别墅,占地面积3万平方米,建筑面积4.5万平方米。有效利用观湖视野和项目内河道活水资源。

③ 三期。建议规划景观电梯洋房,根据区域成熟度灵活调整产品户型。

（2）产品建筑风格

规划为现代简约风格,并融入××市当地的建筑文化元素。简洁的外立面让客户度假居住时得以舒缓压力。

（3）产品组合

表4-5为本度假区各分期产品组合类型。

表4-5 本度假区各分期产品组合类型

分期	产品类型	主力面积/m²	总价控制/万元	总建比例/%
第一期	精装修小户型	65～75	50～70	13
第二期	电梯空中别墅	180～245	200～250	30
第三期	景观电梯洋房	95～125	100～150	57

（4）一期产品

① 产品面积

a.一期规划建筑面积2万平方米左右,建设酒店式公寓。

b.以小面积精装酒店式公寓来冲击市场。

c.产品以一房为主,主力总价控制在50万～65万元。

表4-6为本度假区一期主要产品类型及其面积范围和比例。

表4-6 本度假区一期主要产品类型及其面积范围和比例

产品类型	房型	面积范围/m²	比例/%
两房	两房两厅一卫	95～105	30
一房	一房一厅一卫	65～75	70

② 产品价值提升

a.户型创新。精装公寓建观景阳台,有效沟通住宅与外界的联系。会所建设开敞式外廊、大尺度观景露台。

b.精装修。按四星级酒店标准精装修,硬装和软装各1500元/m²。以高品质冲击市场,赢得客户青睐。

c.酒店服务标准。提供综合性项目服务、商务服务、房内设施设备维修保养服务、家居清洁服务及安保/消防服务及其他需求服务。

d.豪华会所。充分营造度假小区的处所感和归属感。会所是提升产品档次的重要载体，是体现业主归属感和尊贵感的重要场所。设置商务中心、按摩中心、美容美发、酒吧、中西餐厅、台球、壁球、篮球、跳操房、健身房、SPA、水疗区、游泳池、棋牌区、KTV、洗衣房。

e.设立样板区。通过样板房和样板区的表现形式进一步展现项目的品质和档次。充分营造度假小区的处所感和归属感。提升客户的积极性和接受度。有利于项目整体价格的走高，进而实现项目"利润最大化"的目标。样板区和样板房让参观客人身临其境感受小区居住氛围，是营造气氛的重要手段。

（5）二期产品

① 产品面积

a.二期沿水景两侧建设4.5万平方米左右电梯跃层（空中别墅）。

b.进一步提升小区产品档次和产品价值。

c.产品以三房为主，主力总价控制在300万元以内。

表4-7为本度假区二期主要产品类型及其面积范围和比例。

表4-7　本度假区二期主要产品类型及其面积范围和比例

产品类型	房型	面积范围/m²	比例/%
三房	三房两厅三卫	180～190	30
三房	三房两厅三卫	210～220	40
四房	四房三厅三卫	240～250	40

② 最大限度利用景观资源。二期产品引入空中别墅概念，适当调整朝向。在强调别墅的舒适性的同时，更注重对湖景资源的充分利用。

（6）三期产品

① 产品面积。三期景观电梯洋房最后推出，到时候市场更加成熟，可以根据市场竞争情况适当调整产品。奇偶层楼台错开，最大限度融入外部景观。

表4-8为本度假区三期主要产品类型及其面积范围和比例。

表4-8　本度假区三期主要产品类型及其面积范围和比例

产品类型	房型	面积范围/m²	比例/%
两房	两房两厅一卫	95～105	30
两房	两房两厅两卫	115～125	60
三房	三房两厅两卫	135～140	10

② 景观规划。通过区内景观塑造，体现项目高档品质，项目景观既要体现开放性，又要营造居家场所感，标志性景观建筑体现项目个性，突出项目差异，天然水系和人工水系相结合，区隔和过渡各产品组团。

a.互相结合的天然水景和人工水景作为贯穿整个项目的主题景观,同时区隔各个组团。

　　b.入口处标志性景观建筑,象征性的标志突出项目个性,同时增加项目可识别性,给业主归属感。

　　c.中央景观主轴大气而又生动,其中包括绿化硬地、天然林木、水景雕塑等景观元素,结合成丰富的景观主线。

2.滨水别墅

　　与一线湖景别墅不同的是,滨水别墅不直接面向湖面,而是将湖水引入滨水区形成小型水系,并依托这些水系开发别墅,与一线湖景别墅产品形成互补。

　　以下为某湖泊型旅游度假区的滨水别墅开发思路。

　　依据不同地势的滨水区,可采取引水,把××湖的水通过提灌的方式引入滨水区,形成纵深的滨水景观水系,并依托这些水系,沿小型水系两岸建立小型演艺广场、别墅群等,扩展别墅亲水的小桥流水水系线路,实现了条块分割。差异化的个性水系别墅群和亲水别墅形成一个大气磅礴、视野好的亲水景观,一个精巧灵动的小桥流水人家,形成产品上的互补关系。

3.个性化亲水别墅

　　在滨湖区域,可以将别墅与温泉、滨湖文化景观等相结合,打造独具特色的别墅产品,兼具景观、休闲娱乐、文化演出等配套服务功能,提升别墅产品的竞争力和商业价值。

　　以下为某湖泊型旅游度假区的个性化亲水别墅开发思路。

　　以××湖$1.79km^2$的水域面积为依托,以东、西、南三侧临水地块开发为重点,通过对××湖水系的规划设计,因地制宜、依势而建,形成依山傍水、功能多样、独具特色的亲水别墅群。以中高端的个人及企业用户为主要客户,因地制宜,每个别墅都进行个性十足的独特的设计和建设。在别墅中,通过引入温泉水,进入每个别墅,形成亲水别墅+温泉别墅+水系景观的独具特色的别墅产品,并同时兼具公共服务、餐饮娱乐、演艺演出等多项配套服务功能,整个项目以面向中高端消费者和企业客户来进行产品的定位。

4.水主题生态住宅

　　依托湖岸良好的绿色生态环境和自然湖景,可以围绕水主题进行景观打造,注重生态性,比如采用环保建筑材料,节能、清洁能源技术等,开发低碳住宅、生态酒店等居住产品,满足追求生态景观的中高端度假人群的居住需求。

以下为某湖泊型旅游度假区的水主题生态住宅开发思路。

本度假区水主题生态住宅依靠湖畔，打造自然水景观体系。以"水景+植被景观"为核心，进行绿色生态景观打造，凸显其景观品质。核心围绕水主题进行景观打造，凸显水文化主题，形成"坐看水、卧听水、行依水、玩伴水、吃赏水"的全方位水主题建筑。

（1）静水商务住所

依托水景打造静水商务会所，会所为商住两用，既提供商务服务功能，也可作为住宅区。

（2）生态大酒店

依托美丽的湖边景色，打造五星级生态大酒店。采用环保的建筑材料，酒店外墙为太阳能光板，吸收太阳能作为整个酒店的能源供给。五星级大酒店可以采用片区木屋群的形式，也可以采用高楼大厦的形式。

（3）低碳住宅

利用生态理念，结合周边的水生态景观，打造低碳住宅。低碳住宅引入环保的建筑设计理念，采用二氧化碳排放比较少的材料，在房屋的用水系统、能源系统中，引入循环利用使用技术和清洁能源技术，打造绿色生态的低碳住宅。低碳住宅为高端人群提居住及度假服务，可出售，也可作为度假酒店经营。

二、滨湖生态养生与运动休闲产品

依托湖泊水体资源及其周边良好的生态环境，可以打造康体运动与休闲养生类旅游产品，如水上休闲运动区、环湖运动步道、湿地高尔夫球场、滨湖生态养生度假村等。

1. 水上休闲运动区

为满足大众游客的游乐需求，在保护湖泊水体生态环境的同时，可以设置水上冲浪、水上自行车、水上步行球、水上滑梯、木筏游水等休闲运动项目。对于一些限制湖体开发的湖泊型旅游度假区，可以引水入园，形成人工湖泊，并设置相关的运动休闲项目。

以下为某湖泊型旅游度假区的水上休闲运动区设计思路。

本旅游度假区以湖泊为依托，打造集趣味、娱乐、休闲于一体，梦想与科技的水上娱乐嘉年华，成为黄三角最好玩的湖泊，设置星球漂流、夺宝奇兵、抢滩登陆、水滑梯、美食部落、宝贝淘气堡、合家欢滑道等项目。

2.环湖运动步道

利用环湖岸线，可以打造以湖为中心的环湖步行游览和运动路线，在满足基本的交通需求的同时，可以满足游客观光休闲和运动养生等多样化的需求。

以下为某湖泊型旅游度假区的环湖运动步道设计思路。

本项目采用环湖一体化开发，分散配置度假、游憩设施，通过生态型运动小径将各个节点自然连接。环湖岸线的步行体验，服务不同人群的康体运动和交通需求。大面积的自然保护区域与广泛分布多点休闲娱乐设施结合布置，由景色优美的道路和小径连接将多个节点连接，如图4-4所示。

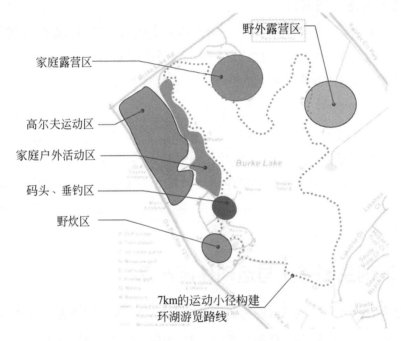

图4-4　本度假区环湖运动步道设计示意图

3.湿地高尔夫球场

依托生态湿地环境，可以打造湿地高尔夫球场，为高端人群和商务度假人群提供运动休闲的场所。

以下为某湖泊型旅游度假区的湿地高尔夫球场开发设计思路。

本项目湿地高尔夫球场的主题为生态湿地、临水高尔夫，主要功能为观光、康体、休闲、度假，主要产品包括湿地高尔夫和临水地产。

湿地高尔夫：引水营造湿地高夫尔的独特环境，以高尔夫运动为核心打造休闲游憩业态。

临水地产：以水为中心，建造休闲度假地产，感受原生态中的放松和休闲。

4.滨湖生态养生度假村

在环湖延展区更大的范围内，依托良好的自然生态环境，可以打造如温泉疗养、中医药养生等为主题的温泉休闲馆、温泉养生会所、中医养生文化主题园等生态养生体验项目。

以下为某湖泊型旅游度假区的生态养生度假村开发设计思路。

以水源保护为前提，打造自然生态的养生项目。以山、水为核心依托，以养生为目的功能，打造生态休闲养生项目。另外，结合养生项目，开辟中药种植园，打造中医药自然养生项目。

（1）温泉养生度假村

以××村的优质温泉资源为依托，充分挖掘温泉洗浴文化，打造温泉养生度假村，形成高端温泉养生项目、主题温泉养生项目和以温泉为特色的养老院。度假村里以日式建筑和中国古典式建设为主体风格，力求打造一种自然典雅的养生环境。

项目构成：主题温泉休闲馆、天颐温泉养老院、贵族温泉养生会所。

开发模式：政府开发+招投资商开发。

① 主题温泉休闲馆。以养生文化、温泉文化为主题，打造主题温泉休闲馆。打造沐浴文化博物馆，展示中国古老的沐浴文化；打造四季主题温泉馆、药膳温泉馆、花卉温泉馆等主题休闲养生馆，为人们提供温泉养生服务；打造温泉文化街，街道两旁为温泉养生馆，街上设置温泉膳食、温泉有机蔬菜宴、温泉纪念工艺品等。

② ××温泉养老院。依托温泉资源打造温泉特色敬老院。温泉敬老院分成两个部分，有为退休干部提供养老度假服务、老年后希望颐养天年的商务人士提供的高端养老区，也有为大众提供的特色温泉养老区。

③ 贵族温泉养生会所。针对高端人群打造的温泉养生、高级SPA会所，提供商务休闲服务、高端度假休闲服务。

（2）中华医药养生园

开辟中药种植园，形成植物景观，同时依托种植园打造展示华夏医药文化的博物馆和以中医药文化为主题的养生体验项目、中医文化主题园。

项目构成：中药种植园、华夏医药博物馆、中医文化主题园。

开发模式：与著名中药企业联合，形成中国华夏中医企业文化基地。

① 中药种植园。开辟适合的地块开辟中药种植园，以中医药植物为景

观，根据药用的不同部分形成百花园、百草园、百果园和百树园四个主题景观植物园。

② 华夏医药博物馆。展示国内外博大精深的中华药养生文化，以及弘扬中华民族的各民族特色养生文化，是展示中华医药养生的优秀传统文化、传播健康知识的最佳阵地。

③ 中医文化主题园。突出趣味性、娱乐性、互动性、体验性，多设置参与性强的活动，包括中医奇人绝技展示（如点穴、接骨等）；五禽戏表演、气功表演、武术表演、传统体育互动体验；中国民间传统医学技能展示；中医药膳食等。

三、湿地娱乐与观光科普产品

依托湿地多样化的生物景观资源，可以打造供游客休闲娱乐以及观光科普的旅游产品，比如湿地公园、湿地博物馆、湿地生态技术示范中心等。

1.湿地公园

利用湿地丰富的景观花卉植物和水鸟等动物资源，可以打造原生态的湿地景观观光项目、观鸟设施以及利用多样化的植物打造的趣味性游乐项目等。

以下为某湖泊型旅游度假区的湿地公园开发思路。

××湖湿地公园位于××湖西岸南段，为本旅游度假区"一体两翼"的左翼片区南段，为先期启动区。

功能特色：公共游憩、人居休闲、文化休闲。

项目构成：由亲水玫瑰花园、湿地水鸟乐园和浪漫游憩公园构成。

（1）亲水玫瑰花园

利用湖边地形，打造亲水玫瑰花园，花朵繁密的玫瑰枝垂入水面，形成美丽的水景。亲水玫瑰花园以种植观赏玫瑰为主，通过花架小品、河岸水景美化等形式，打造浪漫湿地玫瑰园。

（2）湿地水鸟乐园

通过湿地生态改造与保护，打造一个生态优美的湿地环境。通过植物引入种植和植被保育，形成广阔的沉沙池水面、成片的芦苇丛、高大的杨树林及散布其间的鱼塘，每到冬季都会吸引大批候鸟到湿地越冬。湿地内环境优美，食料丰富，既有水鸟喜吃的鱼儿，又有森林鸟儿喜吃的虫儿。通过生活环境打造，吸引野鸭、白鹳、鹭类、大雁、灰鹤、蓑羽鹤、灰卷尾、斑鸠、麻雀、大山雀等鸟儿来过冬，成为鸟儿的乐园。

先期可以通过放养与养殖的方式引入具有观赏价值的水鸟，以促进湿地自然环境的循环发展。适当建设少量观鸟设施供游客观看。

（3）浪漫游憩公园

释放于生态自然，体悟文化精髓。通过种植多种湿地景观花卉，丰富景观层次和季相特征，以此对××湖生态系统进行生态保育。利用湿地植物，营造"野草浅溪"的自然景观，使公园成为生态环境的优化器。浪漫游憩公园以保护原始的湿地生态为主体，仅以自然风格的观光设施为辅助。湿地游憩园通过一系列的环境治理手段及重新规划、创新，塑造淡水沼泽、水池、芦苇床、泥滩、草地及林地等多样化的湿地生境，引入并繁殖当地野生动植物及其他珍稀物种，打造××市原生态的湿地环境。

利用植物打造一些趣味项目，如湿地入口的必经之处设置一个用芦苇等亲水植物围成的八卦迷阵，游人要经过八卦阵才能进入公园。

2.湿地观光科普中心

除了设置休闲娱乐项目，利用湿地资源还可以打造融入湿地知识科普的湿地博物馆、展示湿地净化功能的湿地生态技术示范中心等科普类旅游产品。

以下为某湖泊型旅游度假区的湿地观光科普中心开发思路。

本项目以人工湿地为核心，结合湿地植物景观的打造，并运用现代科技技术，形成集展示湿地生境、湿地生物多样性、湿地污水净化功能、湿地与人类社会的关系、湿地多媒体互动之旅于一体的功能组团。

（1）湿地互动中心

主要以游客接待为主，并融入湿地知识普及与教育、科技互动元素等科普功能的综合服务中心。

（2）湿地生态技术示范中心

主要以小型生物净化实验室的观光体验，直观地展现湿地作为城市之肾的功能。

（3）湿地博物馆

主要以微景观的形式展现湿地的多样化生境。

第五章

其他常见类型旅游度假区开发

第一节　温泉型旅游度假区开发
第二节　滨江型旅游度假区开发
第三节　文化型旅游度假区开发

除了前面几章所介绍的山地型旅游度假区、乡村田园型旅游度假区、滨海型旅游度假区、湖泊型旅游度假区外，常见的旅游度假区类型还包括温泉型旅游度假区、滨江型旅游度假区以及文化型旅游度假区等，本章分别对这几种类型的旅游度假区开发的要点进行阐述。

第一节
温泉型旅游度假区开发

温泉型旅游度假区开发是指以温泉资源为核心，并结合周边山林、湖泊等自然资源与良好的生态环境，以及当地深厚的历史人文资源等，而进行的温泉养生、休闲、运动娱乐等温泉特色旅游产品的开发。本节结合具体的案例对温泉型旅游度假区的开发条件、开发思路以及产品开发方向等内容进行阐述。

一、温泉型旅游度假区开发条件与开发思路

1. 开发条件

对于温泉型旅游度假区，其成功开发离不开优质的温泉资源、庞大的保健养生与休闲度假市场、良好的区位交通条件等。

以下为某温泉型旅游度假区的开发条件。

（1）交通条件

项目所在的××镇地理位置优越，交通十分便利。镇域有京九、京广、良黄铁路和京周、京良、京保公路交织成网，京石高速公路在××设有两个出口，多路市郊公共汽车在本镇设站经过。

目前规划的市郊铁路和新城规划中的市郊铁路线，在镇内十字交汇，使××镇可能成为××市西南未来重要的客运交通枢纽。

（2）旅游资源

该区域地热资源分布面积大，蕴藏丰富，具有出水温度高、富含多种矿物质的特点，已在宾馆、娱乐场所及民用住宅取暖、洗浴等领域得到广泛应用。近期，配合××水库建设发展5万亩绿色海洋，也将为本镇发展旅游、休闲、度假提供机遇。

（3）客源市场

① 可与现有的旅游产品形成整体优势。××区有着丰富的自然、人文旅游资源，本温泉休闲度假区建成后可与众多的观光、度假、休闲、生态旅游资源相互依存、互为条件、彼此影响，温泉休闲度假旅游产品无疑为本区的旅游业锦上添花，并借助其他旅游资源的优势互补，提升其整体的吸引力。

② 广阔的温泉休闲经济发展空间。目前，中国的旅游休闲市场、保健康体市场、度假地产市场正在进入"大众消费时代"。温泉作为旅游休闲、保健康体、度假地产的催化剂、添加剂和引爆剂，正在大规模开发和利用。××温泉休闲度假区只要以此为契机，必将开辟出一片广阔的新天地。

项目所处的××经济圈内，有6000多万人口，其不断增长的休闲度假需求，为本温泉休闲度假区的发展提供了坚实的市场支持。

（4）市政配套

××镇建设条件已初具规模，供排水、电力、热力、通信等已基本完善，均能满足产业发展要求。

① 电力设施：区域内有110kV变电站。

② 给水：区域内有××镇第二供水厂，日供水能力1万吨。

③ 排水：区域内雨水、污水管网已铺设完成，日处理能力2万吨，满足日常需求。

④ 燃气：区域内××路沿线已铺设完成，能够满足项目需求。

⑤ 热力：打温泉井，水温50～70℃，符合采暖要求。

2. 开发思路

为了突出项目的差异化价值，温泉型旅游度假区除了设置基本的温泉特色项目之外，还可以结合地方文化特色或结合游乐、运动、会议商务等主题来确定度假区的发展思路。

以下为某温泉型旅游度假区的特色定位。

本项目以温泉旅游为核心，以度假养生、休闲游乐、会议商务为主要功能，以闲适性度假氛围、多样性游乐活动、个性化全程服务、功能性产品创新为特色，全力打造四季皆宜的综合性温泉主题度假区，力争成为具有专业知名度和影响力的五星级度假酒店和国家4A级旅游区。

（1）养生

充分发挥本项目之地理优势，强化养生保健功能，研究各类以温泉为主体的特色养生项目，力求形成并不断强化自身的忠诚客户群，促进其重复消费,并借助其口碑宣传不断扩大此部分市场份额,形成其他竞争对手难以企及的竞争优势。

(2) 游乐

在维护和强化温泉沐浴之优美环境和氛围的前提下,丰富各类游乐活动内容,并针对某些主要客户群体特别设计安排,比如儿童、情侣、家庭等。

游乐内容不仅仅依靠刚性的设施建设,也依靠柔性的活动组织。游乐活动并非越多越好,必须考虑其与温泉在价值定位上的共通性、客户体验的互补性和氛围营造的相容性,切不可舍本逐末,因小失大。初期以温泉为主题和主体。

(3) 地方文化特色

江西文化之博大精深,亦有煌煌大观处。但今人多遗忘之。不仅外省人对江西仅有"老区"之印象,就连江西人也只觉家乡经济文化全面落后。而不论对于外地游客,还是带着外地游客来的本地客人,都有了解地方文化特色的需求。

文化特色体现手段多种多样,主要可以通过以下方式。

① 代表性文化的展示,如灯箱、文化长廊、石刻、实物、展架等。
② 手工艺制作与参与。
③ 传统小吃和特产的制作与销售。
④ 地方文艺形式的演出。
⑤ 关于地方风俗的参与性活动设计。

二、温泉型旅游度假区产品开发方向

依托温泉优良的水质及其富含的多种微量元素,温泉型旅游度假区可以打造功能各异的露天温泉池、室内温泉游泳馆等具有养生功能的康体养生产品。此外,为了满足度假人群休闲娱乐、运动、文化体验等多样化需求,还可以打造温泉水上乐园、文化主题温泉区、温泉度假物业、温泉美食街、温泉会议中心等温泉特色旅游产品,并开展相关的温泉主题活动。

1. 温泉度假物业

针对高端度假群体,温泉型旅游度假区可以打造高端温泉度假别墅/酒店,并配置独立的温泉泡池,营造浓厚的休闲养生度假氛围;而针对中低端度假群体及旅行社等团体,则需要配置大量的温泉度假公寓等居住产品。

以下为某温泉型旅游度假区的温泉度假物业开发思路。

（1）五星级酒店客房

考虑到可以采取酒店式公寓的形式提供面向中端市场的客房资源，五星级酒店客房仅针对高端客户，因此数量不宜过多，以200间左右为宜，最多不能超过300间，否则经营压力很大。

在这些客房中，可以设计10套左右的精品客房，每套单独设置主题及装修风格。

（2）酒店式公寓

为了满足旅行社、大型团队以及中端散客的需要，必须设置足够数量的中端客房产品。可采取酒店式公寓的方式，便于迅速回收投资，减少未来经营压力。

在产权式酒店的形式下，酒店式公寓的数量可以多一些，建议在500～700间左右。

（3）别墅

为了满足更高端客户的需要，应设置少量别墅式客房产品，客房设计应突出品位及度假氛围，而不是强调奢华，可以通过室内布置、用品选择等方法显示与竞争对手的差异和特点，并分为以下户型。

① 小户型：100m^2左右，带独立院落和泡池。

② 中户型：300m^2左右，带独立院落和泡池。

③ 大户型：500m^2左右，带独立院落和泡池。

④ 超大户型：1000m^2左右，带独立院落和泡池，以及相应的会议空间和设施。

2.温泉沐浴区

温泉型旅游度假区可以分别设置露天温泉区和室内温泉区。露天温泉区与自然生态环境直接接触，可以营造休闲的度假氛围，而对于冬季极为寒冷的地区，则可以打造室内温泉沐浴区，设置不同功能的特色温泉泡池以及SPA池等相关的配套设施，满足度假人群温泉养生、保健的需求。

以下为某温泉型旅游度假区的温泉沐浴区开发设计思路。

整个温泉区分为露天温泉区和室内温泉馆两大区域。

（1）露天温泉区

对于休闲客户来说，以自然化景观和私密性为主要目的，感受天地间之本我，淡忘尘世之繁缛喧嚣。此部分客户占据主要部分。

对于养生客户来说，以品质化环境和泉浴功能为主要目的，追求对自身某种亚健康状态的缓解和恢复，以获得身心健康。

还有一个小众市场，便是VIP客户。温泉度假村常见情形是节假日经济现象。故此，许多高端客户群体每逢盛时便不愿光临。即便平日，此部分客户也极其注重个人行动之私密而不愿与众同乐。诸多各级政府官员乃至企事业单位领导，基本属于此群体。因市场潜力较大，也应独辟一区。

此外，因露天温泉区面积较大，为避免在天冷时客人经较长路径才能进入温泉池，故应有专门热身池，设在临近室内温泉馆出口处。此部分作为单独的功能要求，与上述组团分开设置。

因此，温泉沐浴区分为四个分区：热身区、功能泡池区、景观泡池区和VIP区。

（2）室内温泉馆

基于两方面原因需要设置室内温泉馆：其一，××地区冬季比较寒冷，且潮湿多风，露天温泉区容易着凉；其二，目前各温泉度假村缺少较大规模的室内温泉馆，一般只是一个室内温泉泳池和水力SPA池。

室内温泉馆设以下功能区：

① 各类水力SPA池和设施；
② 温泉泳池；
③ 特色干蒸、湿蒸房、冰屋；
④ 儿童温泉区；
⑤ 死海浴；
⑥ 泥浆浴、沙浴区；
⑦ 各类温泉泡池；
⑧ 水中健身设施；
⑨ 休息餐饮区。

3.温泉运动娱乐中心

为了满足度假人群休闲运动、娱乐等多样化的需求，温泉型旅游度假区可以打造温泉高尔夫练习场、温泉演艺场、温泉水上乐园等运动娱乐休闲产品，设置冲浪、漂流、滑道、水底健身等项目。

以下为某温泉型旅游度假区的温泉运动娱乐中心开发设计思路。

（1）运动中心

运动休闲是一种都市人重要的重复性休闲方式，与温泉休闲可以形成良好的互动和互补。因此，可在度假区内设运动中心，包括以下项目：

① 攀岩；

② 射箭；

③ 室内运动馆，包括乒乓球、羽毛球、篮球、壁球、台球等；

④ 室外网球场，设置专职教练，可以开展网球培训项目；

⑤ 小型足球场；

⑥ 室外篮球场；

⑦ 水上高尔夫练习场。

除了游客租用场地之外，还可以充分利用以上运动资源，组织游客参与各类比赛，比赛注重参与性和趣味性，以此丰富休闲内容和体验。

（2）室外游乐区

为了满足更广泛目标群体的需求，除了运动之外，度假区还应该具备其他参与门槛更低、趣味性更强的特色游乐活动，因此，有必要设置游乐区，包括陆地游乐区和水上游乐区。

陆地游乐区包括：

① 野炊及烧烤场，同时可以作为篝火晚会场所；

② 室外演艺场，可以在夏夜举行露天音乐会、音乐营地、室外文艺表演，以及组织相应露天游艺节目；

③ 溜索，利用自然地形高差或者人工建筑高差，设置比较惊险刺激的溜索类设施；

④ 空中飞人；

⑤ 高空自行车；

⑥ 各类手工艺制作，如木作、石刻、雕版印刷、陶瓷等；

⑦ 露天餐饮；

⑧ 多人自行车、风帆车；

⑨ 热气球。

水上游乐区包括：

① 游船；

② 皮划艇；

③ 竹筏；

④ 垂钓；

⑤ 捉鱼池。

（3）儿童娱乐中心

为儿童提供充满吸引力的游乐项目，是度假区吸引游客的一个重要手段。儿童娱乐中心是度假区的一个重要组成部分，应聘请和设置儿童教育专家及儿童活动管理者，针对不同年龄段的儿童提供设计不同的游乐项目清单，包括：射箭、游泳、马戏、手工、儿童泳池、乐器、制作音乐影带或电影短片的录映室、制作珠宝和文身的工作坊、马戏训练、主题聚会、烹饪课、舞蹈课、脸谱彩绘、风筝制作、室外野餐、园艺科普、泳池烧烤、矮种马骑行、蹦床、沙雕等。

可以采取家庭运动会或儿童专场表演等形式强化家庭情感氛围和趣味性，也便于吸引更多的家庭和儿童参与。

4.文化主题温泉区

对于具有浓厚地方文化特色的温泉型旅游度假区，可以将温泉资源与地方文化相结合，打造文化主题温泉区，通过文化包装，丰富温泉的休闲体验。

以下为某温泉型旅游度假区的文化主题温泉区开发设计思路。

本项目温泉沐浴区分为热身区、功能泡池区、景观泡池区和贵宾区四个分区，分别对应不同的文化主题。

（1）热身区

主要展示××主要姓氏进入××的过程及在××的发展衍化，以及由××而至其他各地的流转。

（2）功能泡池区

以××历代官宦文化为主题，分为一个中心和五个组团。

① 一个中心。区域中心设置一个殿堂式建筑（规模不必太大，主要追求其风格和氛围），在功能上作为休憩服务之用，以及诸如品茶、投壶等官宦人家常有之游乐方式。文化展示以××历代状元进士为主题，因为科举是××自隋唐兴起以来进入仕途之主要渠道。

② 五个组团。分别为"炎汉肇始""魏晋风流""盛唐华章""两宋璀璨""有明鼎盛"。

（3）景观泡池区

以××历代在野先贤为主题。分为九个组团，与功能泡池区的五个组团呼应。

九个组团分别为"山野隐逸""释境深幽""道界高广""商帮风云""书院春秋""艺苑惊绝""天工巧夺""理心精微""诗文风雅"。

（4）贵宾区

取典于"徐孺下陈蕃之榻"。徐孺子乃江湖之高士，陈蕃乃庙堂之名臣，均为各自群体中之至高境界，最后殊途同归，相交莫逆，共同谱写一段千古佳话。出世抑或入世，江湖还是庙堂，一直是中国传统文化的两根纠缠错综的主线，"达则兼济天下，穷则独善其身"，但两者其实原本是一体的，正如道德经所言："同出而异名"，以此激发人们对现实生活态度的思考。

5. 温泉美食街

结合温泉的保健疗养等功能，可以开发相应的具有养生、保健性的绿色餐饮，与温泉养生相结合，打造温泉特色美食街/餐饮区。

以下为某温泉型旅游度假区的温泉特色餐饮区开发设计思路。

特色餐饮是度假区的重要内容，游客在浸泡温泉之后往往体力消耗很大，因而胃口特别好，此时提供特色餐饮服务，既可以增加温泉旅游开发的综合收益，也为温泉旅游增添新的内容。

但温泉度假区特色餐饮与普通餐饮不同，它有两个要求，一是重视餐饮的形式，二是强调食品的特色及保健性。所谓餐饮的形式是指因地制宜、富有地方特色的用餐方式，如水榭、农舍、竹楼、露天等；食品的特色和保健性是指餐饮内容充分利用当地特色原材料，并且更多地发挥中国传统餐饮的保健功能。

本项目设置中餐大厅（同时接待600人用餐）、包间（10～15间）、西餐厅、自助餐厅、咖啡厅等。餐饮场所设计凸显度假氛围，可以安排在室外合适地方供客人用餐，包括提供烛光晚餐。

餐饮原材料尽量采用绿色食品，建立特供基地或合作伙伴供应商，也可以在度假区旁建立无公害蔬菜种植基地，同时也作为特色活动项目。对于鱼虾等鲜活食材，可以选择自然放养区，如引自然活水入清水池塘养鱼虾，在草坡或林地上圈养鸡鸭。

6. 温泉主题活动

结合温泉型旅游度假区的温泉资源特色，可以设置如温泉高尔夫表演、温泉养生论坛等温泉主题特色活动。

以下为某温泉型旅游度假区的温泉主题活动设计思路。

本温泉休闲度假区西部为以温泉、商务、购物休闲度假旅游为特色的温泉休闲度假城，东部为以滨水高端休闲运动度假为特色的高端温泉俱乐部。

温泉休闲度假城常设若干主题活动，如温泉狂欢节、温泉养生论坛、温泉主题演艺、温泉选美节、温泉彩车巡游、生态休闲美食节等。

高端温泉俱乐部常设若干主题活动，如温泉秀、菜单式主题表演、温泉高尔夫表演、滨水演出、沿河巡游、国际红酒节等。

第二节
滨江型旅游度假区开发

滨江型旅游度假区开发是指依托江河景观资源、江水资源、沿岸峡谷风光、江滩河堤等自然资源而进行的滨江度假物业、滨江休闲观光、水上运动娱乐、生态养生等滨江特色旅游产品的开发。本节结合具体的案例对滨江型旅游度假区的开发条件、开发思路以及产品开发方向等内容进行阐述。

一、滨江型旅游度假区开发条件与开发思路

1. 开发条件

滨江型旅游度假区的成功开发离不开丰富的旅游资源以及庞大的休闲度假市场,具体包括优美的江河景观、沿江两岸丰富的山体资源、峡谷景观资源等自然生态景观资源。

以下为某滨江型旅游度假区的开发条件。

(1) 旅游资源

××江流经×水县、×阳县、×河县三县,自西南向东北跌宕,穿梭于××山脉之间,两岸森林茂密,山高壁峭,生物多样性保存完好,具有相当的科学考察和旅游价值。

① 狭长。流域狭长,沿途分布众多景点与乡镇。全程乘船需要6～7h,核心景观段为×阳县的×滩古镇到××镇之间。

② 稀缺性。原生态、体验点多、可亲近使其成为国内屈指可数的峡谷景观资源。

③ 体量大。流经约500km²的范围,旅游资源丰富,可开发空间大,主要旅游资源见表5-1。

表5-1 主要旅游资源

	×水县	×阳县	×河县
省级风景名胜区	—	—	××山峡
国家文物保护单位	—	××故居	××革命旧址
省级文物保护单位	—	××军司令部	—

续表

	×水县	×阳县	×河县
国家级森林公园	××山森林公园	—	—
省级森林公园	—	金×山森林公园	—
国家级自然保护区	—	—	×阳河
省级自然保护区	××河鱼类自然保护区	××营	—
国家级历史文化名镇及传统风貌镇	—	龙×古镇	—
省级历史文化名镇及传统风貌镇	×山镇	—	×滩古镇
国家3A级景区	—	×××桃花源	—
国家2A级景区	—	××故居	—
国家级非物质文化遗产	—	土家摆手舞/民歌	—

④ 未开发。作为本市旅游未来发展的重点，给予区域开发主体极大的施展空间与发展机会。

××江旅游资源未被开发的原因包括如下方面。

a.处于"老、少、边、山、穷、库"区域，经济发展水平较低，基础薄弱。

b.进入性及配套差，与周边区域联系性不强。

c.并非××市原旅游重点开发区域，资源价值未被挖掘。

本项目开发带来的机遇包括下述方面。

a.本市"4+1"旅游发展战略构架的重要板块。

b.旅游市场空白区域，具有很强的神秘感与吸引力。

c.保持原生态的区域特征，开发潜力巨大。

d.有利于开发企业整合区域旅游资源进行统一规划与打造。

（2）市场环境

① 成渝都市圈庞大的人口基数与不断集聚的人口、资金将形成巨大的消费群体。成渝都市圈以成都和重庆为龙头，是我国人口规模最大的都市圈，是我国发展的"第四级"，统筹城乡综合配套改革试验区的设立将大大加速人口、资金、消费的集聚。

② 成渝客户具有极强的休闲意识，旅游需求旺盛，消费能力强。90%拥有私家车的成渝客户都有自驾游的需求，体现出"超前消费、图安逸"的休闲生活观念。

世界旅游组织专题研究表明：一个国家或地区人均GDP（国内生产总值）

超过1000美元的时候,旅游消费热潮强劲。而成都、重庆已超过这一标准1～2倍,可判断成渝都市圈旅游业已经进入了高速发展时期。

③ 重庆市民旅游需求向更为灵活、分散的短期度假转变,旅游消费能力逐渐提升。

  a.休闲度假取代观光游览成为旅游的主要动机。

  b.根据自己的时间安排更为灵活的出行计划。

  c.旅游消费支出呈现大幅上升趋势。

  d.逐渐由传统的观光旅游向分散的短期度假转变。

④ 周边聚集了众多全国知名旅游景区,拥有潜在的国内国际游客市场。

⑤ 区域内集中分布了世界级旅游资源,构成世界级旅游圈的基础。

  a.张家界。被列入首批世界地质公园名录,成功创建全国首批5A级景区、国家级自然保护区。

  b.凤凰古城:国家历史文化名城。

  c.梵净山:世界联合国"人与生物圈"网上成员,国家级自然保护区。

⑥ 张家界、凤凰古城、梵净山、本旅游度假区成为旅游圈核心节点,其资源各有差异。差异化竞争的同时,存在组合竞争优势。

  a.张家界

  (a)特色:以世界罕见的石英砂岩峰林峡谷地貌为主体,有"三千奇峰,八百秀水"之美称,水体以瀑布景观为特色。

  (b)现状:开发最好的景区,产品丰富,配套完善;产品以峰林景观为特色,水体景观以观赏为主,民俗资源相对薄弱。

  b.凤凰古城

  (a)特色:以具有历史感、人文特质的古城风光为核心吸引点,被誉为"中国最美丽的小城"。沱江水流平缓,可玩可赏,不可渡。

  (b)现状:开发及配套较为完善。

  c.梵净山

  (a)特色:为武陵山脉最高峰,以山势雄伟为核心特色。梵净山佛教文化渊远厚重,全国著名的弥勒菩萨道场,佛教名山。

  (b)现状:可进入性较差。

  d.本旅游度假区

  (a)特色:×滩古镇最具临江特色,以××江峡谷风光为纽带,将民族风情、古镇村寨等旅游资源串连起来的风情画廊。

  (b)现状:待开发状态。

⑦ 各景区呈现出积极的发展势头，旅游圈迎来了历史性发展机遇。本旅游度假区需要高起点，面向国际定位。

⑧ 旅游圈游客市场特征与优势逐渐形成，为项目发展提供客源基础。珠江三角洲客源将成为贵州客源市场的重点。贵州、广东具有良好的地缘关系，华南地区客源成为旅游圈重要及可实现客源，为本旅游度假区提供市场机会及潜在客源。

2. 开发思路

对于具有丰富江河资源的地区，可以开发滨江型旅游度假区，并结合地方不同滨江特色旅游资源，分别开发以运动娱乐、生态养生、休闲度假等为主题的滨江型旅游度假区。

以下为以运动养生为主题的某滨江型旅游度假区开发设计思路。

（1）主题理念

运动养生，生命长青。

（2）市场定位

突出苏南上海，辐射国内海外。

① 基础市场：度假区及其周围50km范围内有休闲度假需求的居民。

② 主力市场：上海市及苏南地区有休闲养生、运动度假需求的居民。

③ 机会市场：国内乃至世界有长寿养生、运动休闲需求的旅游者。

（3）产品定位

上海都市圈最具特色魅力的运动养生与生态休闲基地。

① 长江三角洲地区最富特色的养生度假区。

② 江苏省规模最大的综合型运动休闲度假基地。

③ 江苏省生态文明和工业文明和谐发展示范基地。

④ 苏中和苏北地区休闲度假旅游的桥头堡。

⑤ 如皋市和南通市新的城市客厅及城市名片。

（4）规划原则与功能分区

总体规划原则：100m内有绿地，300m内可休闲，1km内能度假。

规划土地使用原则：40%纯绿化用地，30%运动用地，20%旅游用地，10%地产用地。

如图5-1所示，本项目分为××江度假城、水上运动基地、花卉盆景园三大板块。

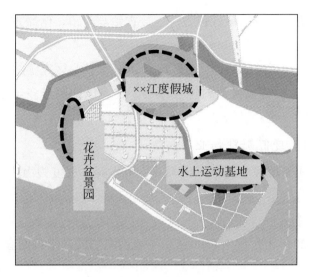

图5-1　本项目功能分区

（5）重点旅游项目

本度假区重点旅游项目包括湿地运动公园、休闲运动区、长寿养生度假区、船舶主题公园、生态景观区、主题广场、生态养生社区、商业休闲区、知青农业体验区、知青文化博物馆、知青纪念公园、汽车营地、水上运动基地、环湖生态社区、休闲会所、滨江生态公园、如派盆景博览园、花卉盆景生产基地等。

二、滨江型旅游度假区产品开发方向

滨江型旅游度假区拥有良好的江河景观、江水资源、峡谷风光以及周边山林湖泊等生态资源。依托这些特色的资源，滨江型旅游度假区可以打造滨江度假物业、游船观光、水上运动娱乐中心、山水实景演出等滨江特色旅游产品。

1.滨江度假物业

依托滨江地区开阔的江河景观及良好的生态环境，可以打造江景度假别墅、滨江度假酒店等江景度假物业。此外，依托高尔夫及游艇等度假设施，还可以开发高尔夫度假公寓/别墅或游艇主题酒店等多样化的物业形态。

以下为某滨江型旅游度假区的度假物业开发设计思路。

（1）度假别墅

① 地块特征

a.地块地貌相对平缓，综合分析地质特征，可建设多层及别墅建筑。

b.地块景观占据古镇最佳位置,连接古镇与新镇,俯瞰古镇全貌与××江景观。

c.与古镇及酒店设施综合配套,形成××镇核心区完善的度假设施。

② 开发建议。建议度假村综合项目,建筑以别墅及多层建筑为主要形式,功能为产权公寓及度假别墅。

(2)高尔夫度假别墅物业

依托高尔夫度假设施及××江景观,开发高尔夫度假物业,树立区域的高端价值。

① 地块特征

a.占地约2000亩,其中1500亩用于建设高尔夫及相关配套,500亩用于物业开发。

b.距××古镇约5km,海拔约800m的山坡和谷地。

c.地块地貌相对平缓,综合分析地质特征,可建设多层公寓及别墅建筑。

d.地块可俯瞰古镇全貌与××江景观。

② 开发建议

a.依托高尔夫度假设施及景观打造高尔夫度假物业,与古镇、水上运动中心、酒店群等形成综合配套,奠定区域的高端价值。

b.功能:长期度假居住、投资。

c.开发规模:物业占地500亩,建议容积率0.3,建筑面积约10万平方米。

(3)游艇俱乐部、酒店群及游艇会所社区

① 地块特征

a.占地约2000亩,中期已开发了100亩酒店用地以及400亩度假物业用地,目前还有1500亩可开发空间。

b.为××镇近距离内地块最完整、利用条件最好、景观较佳的发展用地。

c.地块居××江口位置,与周边景点、项目具有良好的联动关系。

② 开发建议。表5-2为本度假区游艇俱乐部、酒店群及游艇会所社区开发建议。

表5-2 本度假区游艇俱乐部、酒店群及游艇会所社区开发建议

编号	项目	功能	总占地	其他
1	游艇码头	码头停靠	—	
2	游艇俱乐部	娱乐、休闲活动中心	100亩	
3	游艇酒店	游艇主题酒店、会议中心	100亩	

续表

编号	项目	功能	总占地	其他
4	滨江酒店	度假、商务	100亩	已建
5	山麓酒店	度假、商务	100亩	
6	休闲度假社区	度假、休闲	400亩	已建
7	主题度假社区	度假、休闲	1200亩	
合计			2000亩	

（4）度假养生社区

作为××河后续发展用地，配套××河漂流打造相对独立旅游目的地体系，为旅游者提供综合旅游服务，提升××河旅游产品品质。

① 地块特征

a.面积约2km²。

b.××河资源特征为漂流特色，综合体现为以喀斯特地貌为主的观光型、探险型、休闲型、民俗体验型河谷风景区。

c.地块为××河漂流后续延展项目，项目依托××河构成资源吸引力。

d.拥有优良的生态环境条件与峡谷景观资源。

② 开发建议

a.旅游酒店、度假公寓、乡村体验等度假型旅游产品。

b.河谷休闲、生态体验、汽车度假营地等配套旅游服务项目。

2.游船观光项目

游艇是滨江型旅游度假区游客参观游览江河自然风光的主要工具。根据不同的游客类型，可以设置不同档次的游船类型，如针对高端游客可以设置豪华游艇，并提供住宿餐饮、娱乐设备以及表演活动等，而针对普通游客及旅游团队，则可以设置游艇或木筏小船，只提供简单餐饮等服务。

以下为某滨江型旅游度假区的游船观光项目设置。

（1）游船类型

不同类型和档次的游船是深度体验××河风光的最愉快方式，即使是乘火车与汽车的游客，也会选择一段短途的河上漫游。

游船深受家庭度假与旅游团体的青睐。因此，以方便舒适的中小型游船为主，配以少量高档豪华的千人以上特大游船。表5-3为本度假区游船类型设置及其对应的客户群体。

表5-3　本度假区游船类型设置及其对应的客户群体

游船类型	特点	客户
普通游船	大小不一 使用时间较长 配套设施相对落后	旅游团体 旅游散客
豪华游船	最多可载1600人 设备先进 服务一流	高端旅游团体 中上阶层旅游散客
中小型游船	最少可载60人 温馨舒适 服务周到	婚礼、庆典、会议包租 旅游团体包租

（2）游船运营

为避免游船运营的恶性竞争，游船运营由××游船公司主导，其他多家小公司在局部河段上作为补充。

游船公司兼具旅游公司的部分职能，以完备的功能与灵活的运营方式实现多种途径盈利。主题游和船上节目的设置主要针对家庭和不同的团体，因为他们是游船项目的主要客源。除传统的游船运营外，××游船公司设有专门的船务服务部，为游客提供集会、会议、庆祝生日或公司庆典等活动需要的航程定制服务，并包括活动场地的选择和上岸后的一切安排。

① 主题游与特别节目

a.主题游：焰火游、精华游、聚会游、周天游、水世界游、水陆游、老市民游、儿童及家庭游、爵士乐迷游、披萨聚会游、成人游等。

b.船上节日：焰火节、音乐节等。

c.船上派对：音乐派对、家庭派对、球迷派对。

每年不同的冬运节目弥补了季节带来的淡旺季差异。

② 灵活的营运方式

a.观光票及多种套票：含餐套票；景点套票（可参观博物馆、古堡、水世界等）；万能票（可乘坐景区内任何类型交通工具）。

b.多种优惠：个人优惠（老人、学生、儿童优惠）；团体优惠；家庭优惠；生日免费；会员优惠：办理年卡，全年享受50%票价优惠。

③ 船上服务：葡萄酒、啤酒、咖啡、蛋糕等饮料及点心；自助餐；乐队演奏。

3.水上运动娱乐中心

选择较为开阔的江面，可以打造水上运动娱乐中心，设置体育运动、亲水游乐等滨水活动，如水上摩托车、水上自行车、水滑梯等游客参与体验项目。

以下为某滨江型旅游度假区的水上运动娱乐中心开发设计思路。

此段江面开阔，区域相对独立，水域面积和水深具备开发水上娱乐项目的条件。作为参与性较强的项目类型，本景区是整个景区中为数不多的激情环节，应综合体育运动、大众游乐和郊野体验主题，丰富滨水活动，增强亲水性与参与性，打造集体育运动、大众游乐、郊野体验为一体的水上娱乐项目，通过合理的水面分区开发动静结合、类型丰富的产品功能。

（1）体育、游乐类动水项目

快艇、橡皮艇、脚踏船、手划船、香蕉船、水上自行车、水上摩托车、蹦极、水滑梯、滑索等。

（2）郊野体验类静水项目

水上观鱼、垂钓等。

（3）风情配套项目

水上餐厅、水上啤酒屋、水上烧烤、水上接待中心、水上浮动码头等。

4. 山水实景演出

利用山水景观资源，并结合当地的民风民俗、历史传说等文化主题，可以打造文化山水实景演出项目。由当地村民组成演出队伍进行表演，让游客在欣赏江景风光的同时可以深入体验当地的民俗文化。

以下为某滨江型旅游度假区的山水实景演出项目。

××江风光静谧秀美，沿江腹地红×村将作为度假区用地。山水实景演出选址红×村上游不远处，此处水面宽阔，一侧江岸坡度相对平缓，适合开辟看台，具备承担大型演出的地形条件，且与度假区有一定距离，联系便捷又不会造成大的干扰。

演出人员为附近五个村庄的渔民，以及侗族小歌手和附近少数民族。每晚演出1～2场，开场时间分别为19：45和21：15，每场演出时长65～70min。

以××江1.6km^{2}的水域为舞台，水上舞台采用竹排搭建，不演出时可全部拆散、隐蔽。以十二座山峰为背景，隐藏式灯光音响设计。梯田观众席在水上舞台上面的半山腰依地势而建，180°全景视觉，共2600个位置，并配备环保卫生间。

第三节
文化型旅游度假区开发

　　文化型旅游度假区开发是指依托佛教文化、道教文化等宗教文化，以及养生文化、民间艺术文化、地域特色历史文化等历史人文资源，而进行的文化主题度假物业、文化观光、文化体验等文化主题旅游度假产品的开发。本节结合具体的案例对文化型旅游度假区的开发条件、开发思路以及产品开发方向等内容进行阐述。

一、文化型旅游度假区开发条件与开发思路

1. 开发条件

　　文化型旅游度假区的成功开发离不开丰富的文化内涵，比如特色鲜明的宗教文化、厚重的历史文化底蕴或独特的区域民俗文化等。

　　以下为某文化型旅游度假区开发所依托的文化资源。

　　（1）道家文化简介

　　① 简介。道家是中国春秋战国诸子百家中最重要的思想学派之一，又称"道德家"。道家思想的起源很早，春秋末年老子关于"道"的学说作为理论基础，以"道"说明宇宙万物的本质、本源、构成和变化。道家认为天道无为，万物自然化生，否认上帝鬼神主宰一切，主张道法自然，顺其自然，提倡清静无为，守雌守柔，以柔克刚。政治理想是"小国寡民""无为而治"。道家思想其他的代表人物还有战国时期的庄周、列御寇、惠施等人。道家倡导自然的世界观和方法论，尊黄帝、老子为创始人，并称黄老。

　　② 核心思想。天道运行有其自然而然的原理所在，社会只是一方存在的客体，在其中生存的人们，应有其独立自存的自由性，而不受任何意识形态的束缚。

　　道家重视人性的自由与解放，倡导无欲、守静、清静无为、贵生、养生、自然的人生理想。

　　（2）道文化发展现状

　　近年来，老子热持续升温，国内外"老学"组织和团体纷纷建立，各种

老学刊物如雨后春笋般不断涌现，许多国学讲台之上，以弘扬老子文化为龙头的中国古代文化复兴的热浪正在急速推进。

(3) 道文化的主要现实意义——和谐

当前我国提出构建和谐社会的思想，构建和谐社会实质就是做好两个方面的工作，一是物质和制度层面的和谐，二价值和心态层面的和谐。而道文化所主张的和谐也主要是从这两个方面来阐述的。

① 道家思想能指导我们调适现代化社会人与自然的关系，使之保持协调与和谐。

② 道家思想能指导现代人实现自我心理的调适以促进现代人心理健康的发展。

(4) 道文化对于项目的价值发挥——养生

① 道家养生。道家学说是春秋战国时期以老子、庄子为代表的人们所提出的哲学思想。他们的学术思想在中医养生学的形成过程中产生过一定的影响。

道家所主张的"道"，是指天地万物的本质及其自然循环的规律。自然界万物处于经常的运动变化之中，道即是其基本法则。道家思想中，"清静无为""返璞归真""顺应自然""贵柔"等主张，对中医养生保健有很大影响和促进。

a. 清静无为。这种清静无为以养神长寿的思想，一直为历代养生家所重视，浸透到养生学中养精神、调情志、气功导引、健身功法等各方面。

b. 贵柔、返璞归真。如果经常处在柔弱的地位，就可以避免过早地衰老。所以，老子主张无欲、无知、无为，回复到人生最初的单纯状态，即所谓"返璞归真"。

c. 形神兼养。庄子养生倡导去物欲致虚静以养神，但也不否认有一定的养形作用。中国古代的导引术是道家所倡导的，从其产生开始就是用于健身、治病、防病的。

② 道教养生。道教是中国土生土长的传统宗教。追求长生不死，修炼成仙是它的基本特征。道教是一种乐生恶死的宗教。对于生命的保护和延长以及渴望永生，向来是道教最为关心和探索最多的课题。道教所行的养生术很多，有外丹、内丹、服气、胎息、吐纳、服食、辟谷、存思、导引、按摩、房中等。大多数养生方法如行之得法，确能收到奇效。

③ 养生产业。养生一词最早见于《庄子》内篇。养生，又称摄生、道生、养性、卫生、保生、寿世等。养生就是根据生命的发展规律，达到保养生命、健康身体、颐养精神、增进智慧、延长寿命的目的的科学理论和方

法，它与人赖以依存的环境息息相关。

依据养生的定义，养生产业指所有使人身体、心理健康、延年益寿的产业，包括所有的有形和无形产品。因此，其涵盖范围极广，主要表现在生活居住环境、个人修身养性、饮食结构、生活规律、强身健体、心理健康、疾病预防等方面。现代养生产业具体形式尚处于起步阶段，具有极大的创新空间。

随着生活水平的不断提高，人们越来越希望健康和长寿，养生保健意识也逐渐增强。在世界养生事业蓬勃发展的今天，养生的概念不再限于长寿，而与健康紧密相连，养生的主体也不再限于中老年人。养生已经成为全世界人民关注的焦点，养生产业必将成为未来最重要的朝阳产业，前景巨大。

2. 开发思路

对于具有丰富历史人文资源的旅游度假区，可以文化为主题，并结合周边的山林、湖泊等自然生态资源，打造相关的旅游度假产品。其开发的要点在于通过文化景观的打造、文化氛围的营造以及文化体验产品的开发等，满足游客文化观光、体验、学习、休闲度假等需求。

以下为某文化型旅游度假区的开发思路。

（1）开发目标

① 自我发展目标

a. 世界道文化展示、研究、体验中心。

b. 最具东方人文魅力的文化旅游品牌。

c. 重要的文化旅游目的地。

d. 著名的休闲度假旅游胜地。

e. 著名的养生基地。

f. 生态农业体验观光区。

g. 社会主义新农村示范区。

h. 和谐社会的样板间。

② 外部效应目标

a. 点亮、炒热秦岭北麓旅游板块的先锋之作。

b. 陕西秦岭北麓旅游和西线旅游的招牌景区和中转站。

c. 陕西文化历史寻根游的重要组成部分（道文化寻根、财神拜祭寻根）。

d. 成为××市人与自然和谐发展的生态旅游示范区。

e. 关中城市群休闲度假好去处。

③ 最终目标。实现经济、生态、社会效益的共同和谐发展。

（2）开发理念

运用道文化、道家学说指导开发。

① 道法自然。保护第一，生态优先，不以牺牲环境为代价来搞旅游开发。

② 万物负阴而抱阳，冲气以为和。打造和谐旅游，人和自然的和谐；传统与现代的和谐；科技与人文的和谐；旅游空间和心灵空间的和谐；设施和环境的和谐；旅游和生态的和谐；硬件和软件的和谐。

③ 道生一，一生二，二生三，三生万物。实施可持续发展战略。

④ 倡导上善若水的开发模式，贯穿于策划、规划、设计、建设及经营管理各个方面。

（3）开发原则

① 保护原则。旅游产品本身的愉悦功能和所有权的不可转移性，要求旅游策划对各种旅游资源进行可持续开发，从而在保证满足旅游者需求的同时实现旅游业的可持续发展。

② 系统原则。系统论是一个适用于一切系统的一般原则，旅游景区本身作为一个系统，其与周边旅游景区、外部交通系统、外部环境系统、经济发展以及旅游市场等系统有着极强的联系。因此，在旅游开发过程中，要考虑好整体与局部、结构与功能、系统与环境等之间的相互联系、相互作用等问题。

③ 创新原则。创新是事物得以发展的动力，"创新是经济增长的四大车轮之一"。我国旅游产业的发展也是伴随着一次次大到政策创新、制度创新，小到具体的服务操作程序和布景的创新而逐步完成的。

④ 弹性原则。旅游需求是随着时间的变化而变化的，市场常变常新，因此旅游开发计划必须保持相当的弹性，以柔性构思和开放性的结构来应对变化，为调整布局和后续开发计划留有余地。

⑤ 特色原则。这是旅游开发的中心原则。必须通过分项旅游产品和服务来突出某一产品的独特之处，如通过对自然景观、服务方式、建筑风格、园林设计、节庆事件等来塑造与强化旅游产品的特色。做到"你无我有，你有我优，你优我新，你新我奇"。发展个性已经成为现代旅游竞争中获胜的法宝。

（4）项目定位

① 主题定位。以道文化为主题，以山水资源为依托，以旅游和养生为核心产业方向，以现代旅游和休闲度假为主要市场方向，以复合审美为特色，以体验旅游为亮点，以城市经营为工具，在保护自然和人文资源的基础上，综合观光游览、养生运动、休闲度假、修学考察、会议商务、审美娱乐等功能，整合旅游度假区、风景名胜区和主题公园概念，以追求社会效益、生态

效益、经济效益最大化为精神的文化旅游城镇。

② 功能定位

a.世界道文化展示、学习、体验、研究基地。

b.世界文化展示、学习、体验、研究基地。

c.以道文化的生态理念为蓝本，打造的生态旅游城镇的典范。

d.以道文化的创新理念为蓝本，打造的体验经济体的典范。

e.以道文化的可持续发展理念为蓝本，打造的循环经济体的典范。

f.以道文化的和谐理念为蓝本，打造出社会主义新农村的典范。

③ 市场定位

a.区域市场。针对××市以及关中城市群市场，即以2h车程，方圆250～300km半径内市场开发。

（a）老年人"候鸟型"度假市场——老年人季节性常住养老。

（b）度假房地产开发——分时度假地产产品开发。

（c）双休日休闲旅游市场——双休日都市居民休闲旅游。

（d）商务旅游和会议旅游市场——公司、机关、团体商务、会议旅游。

（e）度假旅游市场——滞留时间超过一周的度假旅游者。

（f）节日（节假日以及特定节日）旅游市场——黄金周、特定旅游周、老子文化周等节假日。

（g）养生健康旅游市场。

b.国内市场。除上述市场以外的其他市场，主要区域位于××市方圆800～1000km半径内市场开发。

（a）宗教朝拜旅游市场——道教朝拜人群市场。

（b）国内文化旅游市场——道文化。

（c）度假旅游市场——滞留时间超过一周的度假旅游者。

（d）观光旅游市场——自然、人文、农家田园风光观光旅游。

（e）养生健康旅游市场。

c.国际市场。华人文化圈包括世界其他国家或地区华人华侨，世界各国道文化爱好者，中国文化爱好者。重点是日本、韩国、新加坡等东南亚国家和地区。

（a）国际文化旅游市场。

（b）养生健康旅游市场。

④ 产品定位。主要有三大系列，即文化旅游、生态旅游和养生度假。文化旅游产品包括道学研修、道教朝圣、道教艺术演示、养生健体（太极拳、气功、养生吐纳）、财神等。生态旅游产品包括生态观光、观赏、温泉疗养、

农家乐等。养生度假产品包括养生健康产业体系、健康旅游、旅游房地产等。

二、文化型旅游度假区产品开发方向

依托区域所拥有的深厚的历史人文资源，文化型旅游度假区可打造文化主题度假物业、文化体验中心、文化主题街区等文化休闲观光与文化体验旅游度假产品，并开展相关的文化主题活动。

1. 文化主题度假物业

结合旅游度假区的文化主题，可以将文化与建筑紧密结合，营造浓厚的文化度假氛围。比如结合禅文化，可以打造禅修木屋别墅、禅修主题酒店，并提供禅茶馆、素食馆等相关的配套服务。

以下为某文化性旅游度假区的文化主题度假物业开发设计思路。

（1）禅修主题酒店

① 价值

a. 明确独特定位，加深酒店的文化内涵，在当地众多酒店中独树一帜。

b. 通过定位，酒店装修风格更加明确。以"禅修"的定位立即凸显度假酒店的安静、优美、风格独特，令人极其容易联想到封闭式培训的形式，实质上对度假酒店起到强化作用，并且暗示除了度假之外的商务功能，还开发了另外一个空白市场。

c. 可为前来举办会议、培训的企业提供内容丰富的服务内容。

d. 可促进当地大企业、企业家等人士的多次消费。现在人们富裕了，不再局限于在家里吃饭，当地的消费也是饭店应考虑的生力军；而且当地人的口碑往往会自动促进外地客户的直接消费。禅修主题酒店可引领当地的一大消费潮流，而且不只是单次消费，往往会形成消费习惯。

② 服务产品设计

a. 以"禅修"为定位的充满禅味的装修风格，本身就非常吸引，在未来几十年都不会过时。

b. 以中小型酒店为主，安静，自然环境好；同时便于企业包场以及进行封闭式培训。

c. 对入住客人提供针对性服务，如：中医把脉，提出住店期间的膳食搭配和饮食建议；配套中式禅味的按摩、休闲；素食馆、禅茶馆（服务人员表演、教导茶艺）、禅修中心、瑜伽中心。以上各项可在入住前确认需求，单项收费，也可一次性收费。

d.酒店里同时设有高档"天然中草药专卖店"等。

e.酒店可向住店客人销售富有禅意的产品,例如精美的经书、书签、装饰品等。

f.以当地企业家、大企业为目标对象的培训可以是以健康为主题的定期培训、以禅修为主题的定期培训。

（2）禅修中心

① 禅修木屋。禅修木屋一般坐落在风景名胜区景区,如风景绝佳的海边、湖边和树林地区,环绕禅修寺庙而建,用以静修。特别适合喜欢享受静心、安静的高级知识分子、企业家和政府官员。禅修中心备有安静的木屋和简单的生活设施。会员可以低廉的价格购买自己的木屋别墅,终身拥有,在除自家使用的时间外,也可委托返租给禅修中心的管理人员统一管理,租借给其他参加禅修的会员。

例如提供单间日式禅房,售价每间20万～30万元,有使用权,无产权,需要清静的时候可自行入住或与知己聊天。

② 禅修主题度假村会员卡。购买禅修中心木屋的会员,平时并不能经常在度假村。可委托管理中心出租给禅修会员,实现利润增值。禅修度假村接受那些想寻找短期安静的学员的短期或长期食宿预定,并设有素食馆、禅茶馆、禅修馆、瑜伽馆、养生馆等简单设施。禅修度假村会员卡主要针对都市的白领阶层,一张卡每年可免费住宿10天,共计7年,可供全家使用或个人使用。

2.文化体验中心

除了设置文化休闲观光项目之外,为了让游客深入了解当地特色文化并参与其中,还需要打造文化体验的相关产品,比如结合中医养生文化可以打造养生馆、武术馆等；结合宗教文化可以打造禅修中心,并开设相关的禅修课程等。

以下为某文化型旅游度假区的文化体验产品设计思路。

（1）国际禅修中心

国际禅修中心提供佛教传统文化体验、禅修指导；禅修用功房、修行区域。形成一道禅修文化带,吸引国内外禅修爱好者体验禅修。

禅修中心课程设置以讲课和实修为主,课程设置如下。

① 普及课程：以法师讲授为主,每周两晚。

② 禅修基础课程：以修行为主,分一日禅、三日禅、七日禅、十日禅等类型。

③ 导师训练课程：专为希望成为禅修导师的专业人士设置。

④ 特别和长课程：以修行为主，招收旧生，以及需要在禅修中心修行半个月至三个月以上者。

⑤ 健康课程：分为心理健康、身体健康、生活健康、饮食健康系列进阶课程；专为那些觉得身心疲累、有不良生活习惯、怀疑自己和他人的成人设置。系统培育健康的人生观、心理健康，打造完美幸福的人生。

（2）禅茶馆

禅茶馆具有以下特色。

① 独特"禅味"装修风格：统一设计的静谧古朴装修风格，富含禅意，处处渗透体现"禅茶一味"的文化。

② 讲经：经常有出家人在此宣讲佛经、开示。

③ 禅品专卖：专门供应各类禅茶、禅修专卖品，包括各类中草药材、保健药食、标准化药膳等。

④ 免费结缘品：同时随处摆放各种免费佛学经典书籍结缘品，以供取阅或传播。

⑤ 会员活动交流处：组织会员活动、交流、抄经、共修的地方。

⑥ 培训禅茶道的处所：组织茶道培训师，定期举办茶道培训课程和茶道表演。

（3）素食馆

素食是健康、卫生的食物。吃素，除了能获取天然纯净的均衡营养外，还能额外地体验到摆脱了都市的喧嚣和欲望的愉悦。素食，表现出了回归自然、回归健康和保护地球生态环境的返璞归真的文化理念。

素食是修行顺利成就的秘方之一。因为许多修行的奥秘与素食相契。人与生存环境、与浩瀚的宇宙之间，彼此有密切的关系。宇宙至高的境界就像一片无止境的喜乐与宁静之洋，是一种最精细微妙的力量，也是爱、和平、纯洁和喜悦的呈现。当这种力量充满大自然时，周遭的环境是欢愉、宁静、清爽而有精神的。

3. 文化主题街区

将度假区的文化主题与旅游商品、餐饮服务等相结合，可以打造宗教文化主题街区、财富商街、中草药膳特色街区等文化主题商业街，主要销售相关文化的纪念品、装饰品以及文化特色餐饮等。

以下为某文化型旅游度假区的财智文化主题街区开发设计思路。

（1）功能定位

提供财智文化、财富文化概念延伸的旅游商品，提供旅游区的餐饮等服务配套。涵盖财神祭拜用品、财智装饰商品、吉祥商品、财富书籍、财智人物传记、创业文化、餐饮等。

（2）软件表现

一定要创新，深挖消费者财智双赢的心理，延伸出一系列的特色化商品；商品服务和配套服务的品质和人员素质是高规格的。

（3）文化演绎

财智文化的消费文化演绎。

（4）互动设计

定制服务、自助服务。

4. 文化主题活动

利用旅游度假区的文化资源及其文化概念，可以开展相关的节庆活动、论坛、赛事等，如结合道文化举办老子文化节、老子祭奠大典等节目，结合养生文化举办养生论坛等活动。

以下为某文化型旅游度假区的道文化主题活动。

本度假区利用当地的道文化博物馆道、老子墓等道文化和养生文化资源，开展相关的文化主题活动，具体如表5-4所列。

表5-4　本度假区的文化主题活动

名称	依据	资源
老子文化节	老子讲述道德经	道文化博物馆、说经台、老子手植银杏等
老子祭奠大典	老子生日二月初十；忌日四月二十八	老子墓，大陵山
财神祭奠大典	财神生日	财神墓、庙，腊月三十迎财神
财富论坛	财神故里	商务旅游、会议旅游
世界养生大会/论坛	道教养生、健康概念	楼观台地区养生之都的定位以及设施，道文化与养生的关系，温泉森林等良好的自然资源
养生出版物发行	养生概念	自然资源与养生产业集群
环秦岭自行车赛	运动、健康	环山公路及沿线风景
楼观攀岩邀请赛	运动、健康	秦岭山

第六章

旅游度假区投资运营与营销推广

第一节　旅游度假区开发步骤与经营管理模式

第二节　旅游度假区投资收益分析

第三节　旅游度假区营销推广

开发独具特色且多样化的旅游度假产品是旅游度假区成功开发的关键，而为了提高度假区的知名度并保障度假区的持续稳定经营和获取长期的利益，需要做好后期的营销推广和经营管理工作。本章结合具体的案例对旅游度假区的开发步骤与经营管理模式、旅游度假区的投资收益分析、旅游度假区的营销推广等内容进行阐述。

第一节
旅游度假区开发步骤与经营管理模式

无论是哪种类型的旅游度假区，都具有开发规模大、开发主体多、开发周期长、开发类型复杂多样等特点，其开发类型包括多层住宅、别墅等住宅地产开发；商业街、酒店、公寓等商业地产开发；景区景点开发；运动、娱乐等旅游设施开发等。因此，需要合理安排度假区的开发顺序，并设计合适的经营管理模式和制定具体的经营管理计划，以保障度假区的成功开发和实现长期盈利。

1. 开发步骤

旅游度假区的开发建设周期长达 6～8 年或更长时间，因此，需要做好旅游度假区的建设阶段划分，并明确各阶段的发展目标、重点开发项目以及该阶段可利用的发展契机与机会等。旅游度假区的建设分期可大致划分为起步期、提升期和成熟期。在起步期主要是对核心旅游项目进行开发以提升度假区知名度，在提升期主要是对旅游配套设施建设的完善，在成熟期主要是完善旅游产品体系，以提升度假区整体形象。

以下为某旅游度假区的开发步骤。

（1）近期（2008～2010年）：重点开发期

重点建设文化生态旅游组团、商务休闲组团，同时根据拆迁进度建设居住组团北部安置区，具体包括下列内容。

① 完成主题公园东侧道路建设。

② 主题公园内的次干道及工程管线敷设。

③ 110kV 变电站 1 座，地埋式污水处理站 3 座，人工湿地污水处理厂 1 座，垃圾转运站 3 座，小型消防站 3 座，通信端局 1 所，给水加压泵站 2 座。

④ 全面实施退耕还林、还草，建设生态游憩场地，启动风景林改造工程。
⑤ 建设商务休闲组团内的主题性设施，如体育休闲公园、××湖等。
⑥ 建设文化生态旅游组团内各旅游项目。

本度假区近期重点建设区域如图6-1所示。

（2）中期（2010～2012年）：配套建设期

重点建设休闲度假组团、养生度假组团，完善中心组团度假酒店、购物街及配套设施的建设，同步建设居住组团北部安置区，续建市政交通系统、截水沟系统、环保设施系统、水电支撑系统、景观造林系统的工程项目，具体包括下列诸项。

① 全面建设休闲度假组团、养生度假组团内的度假村、居住社区、健身疗养设施及公共服务配套设施等。
② 建设地埋式污水处理站2座，垃圾转运站2处，小型消防站2座，给水加压泵站1座。
③ 建设商务休闲组团内的度假酒店、购物街。
④ 完善景观造林工程。

图6-2为本度假区中期重点建设区域。

图6-1　本度假区近期重点建设区域

图6-2　本度假区中期重点建设区域

（3）远期（2012～2015年）：系统完善期

建设居住组团南部中档居住区，续建中心组团酒吧街、研发展示基地及配套设施，完善市政基础设施和次干道以下级别的交通建设，在继续建设生态游憩用地的同时重点加快各组团休闲度假社区及配套服务设施建设，形成每个组团各具特色的公共服务中心，具体包括下列诸项。

① 建设居住组团内次干道和管线敷设。

② 建设商务休闲组团内的酒吧街、研发展示基地及配套设施。

③ 建设地埋式污水处理站2座，给水加压泵站2座。

④ 以"社会主义新农村"为指导方针，根据居民调控规划，全面改造现状农村居民点。

图6-3为本度假区远期重点建设区域。

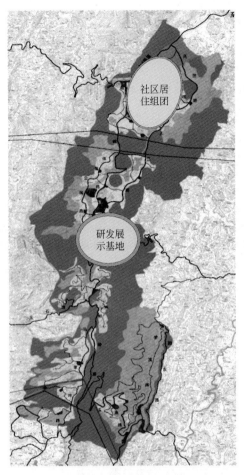

图6-3 本度假区远期重点建设区域

2.经营管理模式

旅游度假区开发所涉及的主体多，包括政府、投资开发公司以及针对不同类型旅游产品的经营管理公司等。在前期开发阶段，可以由政府成立旅游度假区开发管理委员会，对度假区开发进行引导并对开发公司进行监督管理。而开发公司主要负责项目融资、具体旅游产品的开发建设及营销推广等。根据项目的实际情况，还可以让村集体与村民参与到度假区的开发运营中。

以下为某旅游度假区的经营管理模式。

本项目总体体量较大，特别是文化产品及旅游地产项目部分体量较大，同时，项目涉及的相关产业较多，产业互动结构较复杂；其管理模式必须以"广而精"为原则，并根据开发建设完成形成前后两个阶段。

（1）总体管理与项目管理相结合

在项目建成营业前，项目的前期业务由当地旅游局牵头成立一个开发总公司，全面负责项目的整体建设，再通过招商引资吸引资金及企业加盟。开发总公司旗下形成两个专业性的子公司（机构）——运营子公司（机构）和销售子公司（机构），如图6-4所示。运营公司主要负责项目的开发以及相关商业和游乐项目的招商；销售子公司主要负责房产项目的销售，也可由具有全国销售能力的代理行来代理。两个子公司的组成形式可以多样，由投资企业、资金注入商与政府代表共同组建。

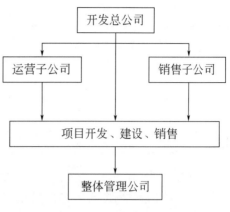

图6-4　本项目经营管理模式

（2）硬件管理与服务管理相结合

项目建成和营业后，需要成立一个宏观管理机构（整体管理公司），该机构不涉及具体的业务管理，但需要在物业、资源、客户、渠道等方面形成汇总和协调；旗下设三个专业化的子公司：物业管理公司（管理项目中所有物业，包括社区物业和游乐休闲物业），旅游管理公司，健康管理公司。

3.经营管理计划

旅游度假区涉及高尔夫、游艇、滑雪场等旅游设施的经营管理，酒店、公寓、商业街区等商业物业的经营管理，别墅等住宅物业的物业管理等。旅游度假区开发公司需要组建或聘请专业的经营管理公司、物业管理公司分别对不同的旅游度假产品进行管理。

以下为某旅游度假区的经营管理计划。

（1）高尔夫球场项目工作计划

① 人员编制。表6-1为高尔夫球场项目人员编制。总编制564人，领导职数1正2副，其中全职员工139人，季节性用工425人。其中财务部和餐饮部与滑雪场管理公司共用，计入高尔夫球场项目人员编制。

表6-1　高尔夫球场项目人员编制

序号	部门	编制
1	总经办	2
2	运作部	318

续表

序号	部门	编制
3	餐饮部	53
4	场务部	128
5	销售部	10
6	财务部	16
7	行政部	37
总计		564

② 高尔夫球场项目筹备期重点工作计划，见表6-2。

表6-2 高尔夫球场项目筹备期重点工作计划

序号	业态	板块	事项	开始时间	周期/d	完成时间	责任部门
1	高尔夫	人力	组织架构、人员编制	2016.5.10	60	2016.7.10	总经办
2			筹备及经营工作计划编制	2016.5.10	60	2016.7.10	总经办
3			管理制度及运行规则编制	2016.9.1	30	2016.9.30	总经办
4			全员培训及模拟演练	2016.3.15	70	2016.5.29	总经办
5		财务	开办费及经营预算编制	2016.5.10	65	2016.7.15	总经办
6			运营设备招标采购	2016.10.1	60	2016.11.30	各部门
7		工程	球场施工跟进、质量监察	2016.5.10	385	2017.5.29	场务部
8			VI设计及制作	2016.7.1	300	2017.4.30	总经办
9			四方验收及消防检查	2017.4.15	26	2017.5.10	总经办
10		销售	产品研发	2016.7.1	548	2017.12.31	销售部
11			市场推广及销售	2016.10.1	455	2017.12.31	销售部
12		运营	试营业筹备	2017.3.1	90	2017.5.30	总经办
13			开业庆典筹备	2017.3.1	120	2017.6.30	总经办
14	娱雪	运营	冬季娱雪经营项目策划	2017.7.1	30	2017.7.31	运作部
15			冬季娱雪项目开业筹备	2017.9.1	60	2017.11.1	运作部

③ 高尔夫球场项目2018年经营期重点工作计划，见表6-3。

表6-3 高尔夫球场项目2018年经营期重点工作计划

序号	业态	板块	事项	开始时间	周期/d	完成时间	责任部门
1	高尔夫	人力	高尔夫营业前全员培训	2018.4.1	30	2018.4.30	总经办
2		财务	营运物料招标采购	2018.4.1	30	2018.4.30	各部门
3			2019年度经营预算编写	2018.9.1	30	2018.9.30	各部门
4		工程	设施设备维护保养	2018.4.1	20	2018.4.20	各部门
5		销售	产品研发	2018.1.1	365	2018.12.31	销售部
6			市场推广及销售	2018.1.1	365	2018.12.31	销售部

续表

序号	业态	板块	事项	开始时间	周期/d	完成时间	责任部门
7		营运	2017年度工作总结	2018.1.1	7	2018.1.7	各部门
8			营业筹备	2018.4.1	31	2018.5.1	各部门
9			高尔夫大型赛事及周年庆典筹备	2018.4.1	90	2018.6.30	运作部
10			高尔夫2018年度经营总结	2018.10.8	7	2018.10.14	各部门
11	娱雪	营运	2017～2018冬季娱雪经营分析总结	2018.4.1	7	2018.4.7	运作部
12		营运	冬季娱雪项目营业筹备	2018.9.1	60	2018.11.1	运作部

（2）滑雪场项目工作计划

① 滑雪场项目人员编制，见表6-4。总编制227人，领导职数1正2副，其中全职员工83人，季节性用工144人。其中财务部和餐饮部与高尔夫管理公司共用，计入高尔夫球场项目人员编制。

表6-4 滑雪场项目人员编制

序号	部门	编制
1	总经办	2
2	索道服务部	67
3	雪上服务部	54
4	雪具租赁部	45
5	滑雪学校	34
6	销售部	8
7	行政部	17
8	餐饮部（与高尔夫共用）	53
9	财务部（与高尔夫共用）	16
	总计	227

② 滑雪场项目筹备期重点工作计划，见表6-5。

表6-5 滑雪场项目筹备期重点工作计划

序号	业态	板块	事项	开始时间	周期/d	完成时间	责任部门
1	滑雪场	人力	组织架构、人力计划编制	2016.5.10	60	2016.7.9	滑雪场
2			服务流程、运行方案编制	2016.6.1	50	2016.7.21	各部门
3			滑雪场管理制度及考核方案编制	2016.7.10	60	2016.9.8	各部门
4			开业前全员各工种培训及模拟演练	2017.8.1	100	2017.11.9	滑雪场

续表

序号	业态	板块	事项	开始时间	周期/d	完成时间	责任部门
5	滑雪场	销售	销售方案、推广活动策划实施	2016.9.1	360	2017.8.26	销售部
6		销售	开业筹备计划制定	2017.6.1	30	2017.7.1	销售部
7		财务	开办费及经营预算	2016.6.20	25	2016.7.15	滑雪场
8		财务	收银系统、雪具及附属设施采购	2016.8.25	30	2016.9.24	滑雪场财务IT部
9		工程	配合项目公司对索道验收	2016.9.15	90	2016.12.14	索道服务部
10		工程	配合项目公司对造雪系统测试	2016.11.15	60	2017.1.14	雪上服务部
11		运营	配合项目公司对设备测试	2016.10.30	90	2017.1.28	索道服务部
12		运营	山地滑雪环境安全设施方案制定实施	2017.2.10	50	2017.3.31	雪上服务部
13		运营	滑雪场全面验收	2017.8.10	60	2017.10.9	滑雪场
14		运营	造雪开始、雪场开业	2017.10.20	70	2017.12.31	雪上服务部
15	夏季活动	运营	漂流活动设计、实施	2017.5.1	100	2017.8.9	索道服务部
16	夏季活动	运营	山地越野摩托线路、登山体验线路设计勘察	2017.4.1	30	2017.5.1	雪上服务部

③ 滑雪场经营期重点工作计划，见表6-6。

表6-6 滑雪场经营期重点工作计划

序号	业态	板块	事项	开始时间	周期/d	完成时间	责任部门
1	滑雪场	人力	夏季人力计划制定及培训	2018.4.10	100	2018.7.19	滑雪场
2		人力	完善滑雪场管理制度	2018.5.1	30	2018.5.31	滑雪场
3		人力	下年度销售计划编制	2018.6.1	15	2018.6.16	销售部
4		财务	设备维护保养费用核定	2018.4.15	7	2018.4.22	各部门
5		财务	设备设施点验、登记	2018.4.16	10	2018.4.26	各部门
6		工程	对接收项目问题督促整改	2018.5.15	90	2018.8.13	各部门
7		工程	压雪车地锚制作	2018.7.15	60	2018.9.13	雪上服务部

续表

序号	业态	板块	事项	开始时间	周期/d	完成时间	责任部门
8	滑雪场	运营	滑雪场正常经营	2018.1.1	105	2018.4.16	滑雪场
9			设备、设施维护计划制定与实施	2018.4.20	90	2018.7.19	索道服务部
10			设备设施年度检验	2018.10.10	20	2018.10.30	索道服务部
11			下一季冬季运营开始	2018.11.16	45	2018.12.31	各部门
12	夏季活动	滑道、溜索、攀岩	正常经营开始	2018.5.1	160	2018.10.8	索道服务部
13		登山体验	正常经营开始	2018.5.1	160	2018.10.8	雪上服务部
14		山地越野体验	正常经营开始	2018.5.1	160	2018.10.8	雪上服务部
15		水上娱乐项目	正常经营开始	2018.6.1	130	2018.10.9	雪上服务部

（3）商业管理公司

① 人员编制。表6-7为商业管理公司人员编制。总编制67人，领导职数1正2副。

表6-7 商业管理公司人员编制

序号	部门	编制
1	总经办	2
2	招商营运部	7
3	物业部	28
4	工程部	19
5	行政部	6
6	财务部	5
	总计	67

② 商业筹划期重点工作计划，见表6-8。

表6-8 商业筹划期重点工作计划

序号	事项	开始时间	周期/d	完成时间	责任部门
1	项目租赁决策文件	2016.7.1	30	2016.7.31	商管公司
2	商铺租金分解上报审批	2016.7.5	31	2016.8.5	商管公司
3	招商启动	2016.7.15	45	2016.8.30	商管公司

续表

序号	事项	开始时间	周期/d	完成时间	责任部门
4	完成主力店租赁合同签署及备案	2016.7.5	61	2016.9.4	商管公司
5	两条步行街品牌落位图确认	2016.8.13	31	2016.9.13	商管公司
6	超市开业	2016.9.30	0	2016.9.30	商管公司
7	组织筹备招商大会的召开	2016.11.2	30	2016.12.2	商管公司
8	招商进度完成100%	2016.10.2	90	2016.12.31	商管公司
9	招商对接,商户装修	2016.10.15	213	2017.5.15	商管公司
10	完成商户租赁合同签署及备案	2017.1.1	30	2017.1.31	商管公司
11	开业美陈的布置	2017.4.15	40	2017.5.25	商管公司
12	制定开业运营安全管理方案和突发事件预案并组织演练	2017.4.15	40	2017.5.25	商管公司
13	大商业具备试营业日条件	2017.5.30	0	2017.5.30	商管公司
14	大商业正式开业	2017.5.30	31	2017.6.30	商管公司

③ 商业经营期重点工作计划,见表6-9。

表6-9 商业经营期重点工作计划

序号	事项	开始时间	周期/d	完成时间	责任部门
1	开业活动	2017.5.30	120	2017.9.30	企划部
2	建立营运管理制度、操作流程及作业规范(开闭店管理规范、巡场管理规范、晨会管理规范)	2017.7.1	44	2017.8.14	营运部
3	主力店、商户销售、广场客流、车流数据统计	2017.7.1	持续	—	营运部
4	开业3个月后,根据广场经营状况分析及市场调研报告对广场的定位和业态规划进行评估并形成报告上报集团审核,作为调整依据	2017.7.1	136	2017.11.14	营运部
5	建立各类台账、报表和档案,包括广场档案、商铺租赁、多种经营、广告位、品牌资源库等	2017.7.1	持续	—	营运部
6	建立重点设备设施巡检制度(空调机房、消防泵房、总服务台、配电房、生活水泵房、消防控制室、电梯、外围灯光、集水井排污设备)	2017.7.1	持续	—	工程部
7	公共区域及商户的设施、设备维修	2017.7.1	持续	—	工程部
8	对符合接管要求的设施设备进行接管	2017.7.15	200	2018.1.31	工程部
9	建立步行街商铺租赁及租金管理规范	2017.8.15	46	2017.9.30	营运部
10	3月春季推广活动安排	2017.8.30	持续	—	企划部

续表

序号	事项	开始时间	周期/d	完成时间	责任部门
11	汇总施工质量问题，提交项目公司整改	2017.9.15	8	2017.9.23	工程部
12	广场公共区域广告位开发及收入计划拟定	2017.7.31	31	2017.8.31	企划部
13	各媒体年度合同续签	2018.10.8	84	2018.12.31	企划部

（4）物业公司

① 物业公司人员编制，见表6-10。

表6-10 物业公司人员编制

序号	部门	编制
1	总经办	2
2	财务部	2
3	行政部	3
4	管理处	27
	总计	34

② 销售物业重点工作计划，见表6-11。

表6-11 销售物业重点工作计划

序号	事项	开始时间	周期/d	完成时间	责任部门
1	前期物业服务合同、业主管理规约报批、备案	2016.6.1	75	2016.8.15	物业公司
2	入伙方案拟定	2016.6.15	71	2016.8.25	物业公司
3	保洁分包方选定	2016.7.1	55	2016.8.25	物业公司
4	房屋验收	2016.8.1	45	2016.9.15	物业公司
5	筹备业主委员会	2017.8.1	333	2018.6.30	物业公司
6	入伙	2016.9.30	0	2016.9.30	物业公司

第二节
旅游度假区投资收益分析

为了评估旅游度假区的开发价值，需要对度假区开发的效益与风险分别进行分析。对于旅游度假区，其开发可以产生的效益包括经济效益、社会效益与生态环境效益等，同时也存在政策风险、经营风险与市场风险等风险，而对于投资开发企业，是否可以产生较大的经济效益是其最为关注的，在进行收入测算时,首先需要设计度假区的盈利模式并对游客规模进行预测。本节结合具体的案例,对旅游度假区的游客规模预测方法、旅游度假区的盈利模式与收益分析、旅游度假区开发的效益与风险等内容进行阐述。

一、旅游度假区游客规模预测方法

为了计算旅游度假区的收入,需要对旅游人数进行预测,针对不同类型的旅游度假产品,一般可以采用面积容量法、卡口法、市场需求法、承载力预测法、案例参考法等。

1. 面积容量法

面积容量法是指根据度假区各区域的可游览面积除以每位游客占用的合理游览面积,得出瞬时的游客总量,再乘以每日游客的周转率,可以计算出度假区各区域每月的游客总量,其计算公式为

$$C = \frac{A}{a} \times D$$

式中,C 代表日环境容量,单位为人次;A 代表可游览面积,单位为 m^2;a 代表每位游人占用的合理游览面积,单位为 m^2/人;D 代表周转率,D = 景点全天开放时间(一般取 8h)/ 游完景点所需时间。

以下为某旅游度假区的游客规模预测。

本度假区旅游容量计算主要依据面积容量法,并综合考虑景区生态承载力,通过计算得出文化示范区旅游容量约为 4.1 万人/天;海豚乡教育科研展示区旅游容量约为 0.9 万人/天;健康城海港风情体验区旅游容量约为 1.1 万人/天;休闲度假观光区旅游容量约为 1.2 万人/天;水上运动游乐区旅游容量约为 0.5 万人/天。综上,本旅游度假区旅游容量为 7.8 万人/天。各旅游功能区旅游容量测算如下。

(1)文化示范区

景区建设用地约为 144.1ha,采用面积法计算游人容量。根据规范,主要景点人均游览面积指标为 50~100m^2/人,取下限 100m^2/人,则该景区瞬时游人容量为:1441000m^2/(100m^2/人)= 14410 人。周转率取 1,则主景区日游人容量为 14410 人/天。

景区生态林地面积约为 797.5ha。景区以自然景观及历史文化为主,其

容量主要以保护植物群落生态环境、自然景观的幽野气氛为前提，游人接待不宜过多，并限制游览路线和景点上的活动，其容量的预测根据森林公园允许人均游览面积指标为 $500\sim660m^2/$ 人，暂取 $600m^2/$ 人。该景区瞬时游人容量为：$797.5\times10^4m^2/600m^2/$ 人 $=13290$ 人。周转率取2，则主景区日游人容量为26580人/天。

综上，文化示范区日游人量合计为40990人/天。

（2）教育科研展示区

景区建设用地约为56.0ha，滨海生态林地面积约为202.1ha，采用面积法计算游人容量。根据规范，主要景点人均游览面积指标为 $50\sim100m^2/$ 人，取下限 $100m^2/$ 人；森林公园允许人均游览面积指标为 $500\sim660m^2/$ 人，暂取 $600m^2/$ 人。该景区瞬时游人容量为：$56.0\times10^4m^2/100m^2/$ 人 $+2021000m^2/600m^2/$ 人 $=8968$ 人。周转率取1，则主景区日游人容量为8968人/天。

（3）海港风情体验区

景区建设用地约为119.3ha，滨海生态林地面积约为91.7ha，采用面积法计算游人容量。根据规范，一般景点人均游览面积指标为 $100\sim400m^2/$ 人，取值 $300m^2/$ 人；森林公园允许人均游览面积指标为 $500\sim660m^2/$ 人，暂取 $600m^2/$ 人。该景区瞬时游人容量为：$119.3\times10^4m^2/300m^2/$ 人 $+917000m^2/600m^2/$ 人 $=5505$ 人。周转率取2，则主景区日游人容量为11010人/天。

（4）休闲度假观光区

景区建设用地约为106.2ha，滨海生态林地面积约为88.4ha，采用面积法计算游人容量。根据规范，主要景点人均游览面积指标为 $50\sim100m^2/$ 人，取其下限 $100m^2/$ 人；森林公园允许人均游览面积指标为 $500\sim660m^2/$ 人，暂取 $600m^2/$ 人。该景区瞬时游人容量为：$106.2\times10^4m^2/100m^2/$ 人 $+884000m^2/600m^2/$ 人 $=12100$ 人。周转率取1，则主景区日游人容量为12100人/天。

（5）水上运动游乐区

景区建设用地约为17.3ha，滨海生态林地面积约为102.2ha，采用面积法计算游人容量。根据规范，主要景点人均游览面积指标为 $100\sim400m^2/$ 人，取其下限 $100m^2/$ 人；森林公园允许人均游览面积指标为 $500\sim660m^2/$ 人，暂取 $600m^2/$ 人。该景区瞬时游人容量为：$17.3\times10^4m^2/100m^2/$ 人 $+102.2\times10^4m^2/600m^2/$ 人 $=3433$ 人。周转率取1.5，则主景区日游人容量为5150人/天。

2. 卡口法

卡口法是指将景点每日的游客批数乘以每批的游客人数来计算出每天的游客总量，其计算公式为

$$C = BQ$$

式中，C 代表日环境容量，单位为人次；B 代表日游客批数，$B = t_1/t_3$；Q 代表每批游客人数；t_1 代表每天游览时间，$t_1 = H - t_2$，单位为 h；t_3 代表每两批游客相距时间，单位为 h；H 代表每天开放时间，单位为 h；t_2 代表游完全程所需时间，单位为 h。

以下为某旅游度假区的游客规模预测。

××河漂流每日可接待游客约20批，每批游客约50人，根据卡口容量法预测，日环境容量为1000人次，每年可经营时间为4月底到10月底共6个月，可经营系数0.8，即每年接待游客量 = 1000人次/天 × 180天 × 80% = 144000人次≈15万人次。

3. 市场需求法

市场需求法是指通过对目前市场的供应情况、市场需求水平等来预测度假区相关旅游度假产品的需求量。

以下为某旅游度假区的游客规模预测。

本县酒店（住宿）现状：档次低、供不应求。

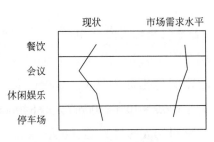

图6-5 本县星级酒店配置水平

本县酒店客户满意度调查：满意30%，不满意70%（档次不够、价格偏低、配套不全）。

本县星级酒店配置水平如图6-5所示。

表6-12为近期中高档需求量预测。

表6-12 近期中高档需求量预测

目前床位数	年平均入住率	预计高档次酒店建成后溢出比例	预计景区打造后游客增长率
星级宾馆：297	约90%	50%～60%	20%～30%
其他：794	约70%	5%～10%	

预计未来高档次酒店床位的日需求量：200～300个床位，约100～150个房间。

4. 承载力预测法

承载力预测法是指可以根据度假区所有床位数来计算整个度假区的最大游客总量，并按照游客分散到度假区各个不同景区的比例来计算各景区的最大游客总量。

以下为某旅游度假区的游客规模预测。

按照现状与景区开发计划，×水县城共有床位数约1300个，×滩镇共有床位数约1100个，×阳县城床位数约600个，到2018年景区承载力为3000人/天；考虑到游客分散到各个景点中，上船率按60%计算。

根据景区的承载力，预测未来游客的数量（最大容量）=景区承载力×上船率=3000人/天×60%=1800人/天。

5. 案例参考法

案例参考法是指借鉴相似旅游资源、发展阶段、客源市场的旅游景区的游客人数及定价，并在与本度假区的规模、开发建设内容等进行比较后确定度假区的游客总量。

以下为某旅游度假区的游客规模预测。

如表6-13所示，参照国内同类中小型水上娱乐项目，依开发建设规模和游乐功能设计不同，需投入资金在2000万元以上。每年游客量按10万人次计算，人均消费额为100元，总收入为1000万元/年。税后利润可占到总收入的30%～50%，投资回报期为5～10年不等。

表6-13 国内同类中小型水上娱乐项目开发建设内容及其投资收益

项目名称	开发建设内容	投资与收益
××湖旅游度假区水上娱乐项目	大型水上娱乐园区：水上娱乐区、水上运动场、水上游乐园；激光水舞歌舞表演场	预计总投资5000万元，年旅游收入近5000万元，可实现纯利润1000万元，5年内可收回全部投资
××江国家森林公园水上娱乐项目	第一期为水上娱乐项目，包括水疗SPA、桑拿、滑水、游泳等，占地40余亩；第二期为温泉项目，占地300亩	总投资3000万元，预计年接待游客10万人次，年收入1000万元，利润400万元，8年可收回成本
××山国家级旅游区××湖水上娱乐项目	湖心岛度假中心、水上游艇、降落伞、摩托车、赛艇、脚踏船、水上碰碰车等水上娱乐项目	总投资5500万元，预计该项目年平均净利润2000万元，投资利润率40%，投资回收期4年
国家重点风景名胜区××湖水上乐园项目	包含湖滨浴场、水上竞技、水上休闲、水上飞机、水上野营地、森林浴营地、蹦极等项目	总投资4000万元，销售收入1287万元，利润450万元，投资回收期8年
××湖水上游乐中心项目	嬉水游乐园、游泳池、棚式茶座、仿古石拱桥、人造湖心岛、码头、游船画舫、接待中心以及配套等附属设施	总投资预计2200万元，预期游客量50万人次，年收入2900万元，利润1710万元

二、旅游度假区盈利模式与收益分析

1. 盈利模式

旅游度假区的收入来源主要包括别墅、公寓、酒店、商铺等物业的销售或租赁收入，休闲观光、娱乐、康体养生等项目的经营收入等。旅游度假区盈利模式的设计应根据不同类型旅游产品的特点及其可能产生的收益机会，设计最有利的盈利模式。

以下为某旅游度假区的盈利模式设计思路。

本项目盈利模式以"休闲游憩"为核心，设计成为多盈利方式组合的多层盈利结构。

（1）旅游新区可以市场化的公共服务

① 物业服务收入：常规住宅物业服务、特色物业服务等产生的收入。

② 休闲业态服务收入：区内主要收入之一，通过特色、新颖、文化性、富有参与性的休闲游憩项目吸引游客后产生的休闲消费收入。

③ 温泉业态服务收入：温泉产业链的建设，可以多方向获得稳定收入。

④ 休闲业态服务收入：通过提供健康管理服务、水疗服务、家庭植物服务等项目特色服务产生的收入。

⑤ 民俗表演服务收入：组织、培养自己的表演团队，通过表演等获得的收入。

（2）旅游者消费能力所带来的可能的收益机会

① 商业物业招商收入：对项目内的非产权式商业和游乐项目进行招商产生的租赁收入，该收入可通过与入驻商家的战略合作减少建设成本，提高利润率。

② 休闲业态主题活动赞助收入：通过与入驻商家的战略合作，挖掘顾客消费能力的附加价值而产生的收入。

③ 休闲业态设备赞助收入：通过与入驻商家的战略合作，共同建设和管理的重要主题景观而产生的收入。

④ 休闲业态项目加盟收入：通过吸引休闲相关企业加盟而产生的加盟费、管理费等收入。

（3）丰富体验模式和猎奇模式

① 文化主题收入：通过文化主题项目经营所获得的收入。

② 养生收入：通过养生项目相关的休闲业态的经营所获得的收入。

③ 温泉收入：温泉相关休闲业态的经营所获得的收入。

④ 餐饮收入：餐饮项目经营所获得的收入。

⑤ 住宿收入：酒店项目经营所获得的收入。

⑥ 娱乐休闲收入：休闲娱乐项目经营所获得的收入。

⑦ 户外运动收入：不同寻常的户外运动，举办各种运动比赛等活动获得的收入。

⑧ 地产项目收入：通过品牌建设，提高区域含金量，出售房产获得的收入。

（4）出让、出售具备知识产权特点的商品

项目以理学为内涵的特色商品将成为本项目最具卖点的商品形式。

（5）提供初级体验（经历）的机会

① 门票收入：项目最常规的收入，项目的门票通过临时购买的电子门票和在目标市场区域销售的不记名储值卡、实名制会员卡三种方式获取利润。

② 游乐项目收入：项目常规的补充收入之一，通过经营项目内游乐项目获得的收入。

③ 特色体验休闲收入：主题客房、酒吧、果吧等的体验消费收入。

2.收益分析

旅游度假区的收益分析是指在对度假区开发的投资成本及各项收入进行估算之后，对旅游度假区可以产生的经济效益进行分析。

以下为某旅游度假区的收益分析。

（1）投资估算表

表6-14为投资估算表。

表6-14　投资估算表

投资项目		面积/m²	单位价格/（万元/m²）	总价/万元
土地		26013	0.0075	195
拆迁				200
会议酒店	客房	6500	0.34	2210
	泳池	400	0.34	136
	水疗	800	0.34	272
	大堂	200	0.34	68
	大堂吧	100	0.34	34
	会议厅	3000	0.34	1020
	西餐厅	500	0.34	170

续表

投资项目		面积/m²	单位价格/（万元/m²）	总价/万元
会议酒店	网球、羽毛球	1500	0.34	510
	保龄球	500	0.34	170
	合计			4590
	绿化	18000		108
室外建筑	道路	2500	0.02	50
	停车场	3000	0.02	60
	室外球场	1000	0.02	20
	合计	6500	0.02	130
广场	入口广场	3000	0.02	60
	中心广场	3000	0.02	60
	瑞士湖景广场	3000	0.02	60
	合计			180
街区	道路	9000	0.02	180
	教堂钟楼	1000	0.15	150
	商铺	5400	0.2	1080
	钟表博物馆	800	0.3	240
	巧克力房	500	0.3	150
	酒吧	500	0.3	150
	合计			1950
别墅	土地	266800	0.0075	2000
	七通一平	100050	0.006	600
	建筑装修成本	3000	0.2	600
	绿化	5400		32
	合计			3232
	不可预见成本			1588
费用	规划设计			400
	公关成本			300
	营销成本			500
	招商成本			100
	合计			1300
	合计			13473

（2）收入分析

① 自营业务收入

a.商铺出租：5400m²，40元/m²/月，年收入259万元。

b.婚庆：每周4次，每次消费3万元，年收入576万元。

c.门票：教堂（5元）、钟表博物馆（5元）、巧克力房（5元），年30万人次，年收入450万元。

d. 购物：平均每人20元，年30万人次，年收入600万元。

e. 西餐：平均每人20元，年20万人次，年收入400万元。

f. 酒吧：平均每人30元，年10万人次，年收入300万元。

g. 住宿：200间，180元/间，60%入住率，年收入788万元。

h. 娱乐：平均每人80元，年5万人次，年收入400万元。

i. 自营业务收入总计：3773万元，按20%净利润计算，为755万元。

② 销售收入

a. 产权酒店销售：按10万元一个产权单位，相当于拥有1个床位的独立产权，共有400份独立产权，按最低6%的优先红利进行分配，并且每份产权可每年享有免费7天的消费（相当于1200元）；发售产权可收入资金4000万元。

b. 别墅销售：首期建设样板别墅3000m^2，一期瑞士小镇别墅占地150亩，0.3的容积率，建筑面积总计30000m^2；总投资11850万元，销售价为平均7000元/m^2，销售收入为2.1亿元；毛利润为9150万元。

三、旅游度假区开发效益与风险

1. 开发效益

旅游度假区的开发除了能带来经济效益外，还可以带来社会效益和生态环境效益。

① 经济效益。通过旅游度假区的开发，项目投资开发企业可以获取项目物业的销售/租赁收入以及旅游项目的长期经营收入等。

② 社会效益。旅游度假区开发可以增加就业机会，增加地方农民收益，促进地方经济和相关产业发展。

③ 生态环境效益。通过对旅游度假区的合理规划，有利于保护山林、海洋、湖泊等自然生态资源，也可以让游客来旅游度假区体验后意识到生态环境的重要性。

以下为某旅游度假区开发的效益分析。

（1）社会效益

项目的产业综合性决定了其社会效益的综合性，主要通过三方面得以体现。

① 项目重力打造"两型社会、绿色循环社会"引导的综合社会效益。项目最核心、最具有生命力的社会效益是示范了文化旅游带动下的综合经济的发展及多产业互动发展的模式，更有可能形成中国新型乡镇的建设模式，代

表中国未来乡镇发展的趋势。本项目将以真正的"可持续发展"体现"资源节约、环境友好"的精髓。

② 项目倡导并体现的"新型乡镇"激发的综合社会效益。这是项目最具先进性的社会效益，其立足于传统文化，并以此提炼成为具有中国社会主义特色、健康和谐的时尚文化，并以大众向往的实实在在的"健康生活方式"进行体现和发展，以创造能够满足人民物质生活和精神生活同时富足的社会效益。

项目始终以农民致富为根本出发点，设计项目围绕改变农民传统收益模式，以全新的休闲项目来带动农民创收，并将农业与第二产业、第三产业相结合，互动发展。

③ 项目对相关区域经济的带动所引发的综合社会效益。这是项目相对较为微观的社会效益，通过休闲产业、运动产业、旅游业等的互动开发，既能立足本土资源基础，又能借此提升项目整体开发。据不完全测算，项目的整体开发将提供1.4万个左右的直接就业岗位，其中为项目区内农民提供近1万个工作机会。因此，项目带动的休闲游憩产业集聚，将助推区域经济和区域形象的提升。

（2）经济效益

项目具有规模大、投入大的特点。通过引擎项目进行带动发展，将充分实现休闲游憩产业的集聚。在产业化运作下，各自的产业规模、利润率较高并趋于稳定，项目将很快进入稳定的良性经济循环。

（3）生态环境效益

项目通过实施环境综合整治措施和生态保护及提升方案，构筑独特绿色模式，发挥最大生态效益。

① 农业方面。生态农业现代化耕种，绿色产品产业化经营，消减面源污染，提高农民收入。

② 旅游方面。低碳生活方式引领绿色潮流，倡导环保理念，增强自然体验。

③ 环境方面。倡导资源节约。中水回用，用水循环化；沼气建设，能源清洁化；林草种植，环境优美化，完美打造资源节约、生态化、游憩化的和谐绿色社区。

2. 开发风险

旅游度假区开发的风险主要来源于以下几个方面。

① 政策风险。包括城市规划、土地政策、产业政策、金融政策等的调整对度假区开发产生的影响。

② 经营风险。旅游度假区开发规模大且周期长，可能由于经营管理模式不当或没有选择合适的专业经营管理公司而导致收益受损。

③ 市场风险。包括市场需求的减少或周边相似旅游度假区的竞争。

④ 财务风险。旅游度假区开发的投资金额大，可能在融资成本、销售回款等方面出现问题而导致投资预期收益下降。

以下为某旅游度假区开发的风险分析。

（1）行政权属复杂与利益主体多的风险

① 跨省三县交界。项目涵盖了两省市三个县级单位，行政辖区关系相对复杂，资源分散，为产品设计及经营管理带来风险。

② 旅游经营主体。项目所辖景区景点众多，少数项目在经营中存在大小不同的经营主体，××江同时存在船运经营，这些都需要在后续开发中给予充分考虑。

③ 社区利益主体。景区内现有大量原住人口，并以少数民族为主体，人口为景区增加特色吸引力及劳动力等支持的同时，增加了景区的管理风险。

针对以上风险提出如下对策建议。

① 建立景区统一的管理机制与体制，建立统一的行政协调机制平衡各行政主体关系。

② 统一控制游船，游船为景区进入及经营管理的关键要素，决定能否把控景区整体经营秩序。

③ 建立与沿线相关景区（点）的联动关系及利益协调关系，以提高景区整体竞争力为目的，互利互盈。

④ 建立与沿线社区及居民的良好关系，确立社区参与的原则与方式，增加本地就业，适当吸引本地人参与管理，建立景区管理的基层保障。

⑤ 前期即控制可进行旅游开发的地块，确保景区可持续开发空间的同时，保障景区与地方政府协调过程中的地位。

（2）土地利用与物业销售的风险

① 地貌复杂，地块分散。项目地域狭长，两岸地貌壮美多变化，带来景观丰富的同时，增加了旅游开发复杂程度，造成地块分散、狭小。

② 地块建设条件复杂。项目范围属喀斯特岩溶地貌，两岸多滑坡体及岩层地貌，建设条件存在可建设性与投入风险。

③ 物业销售存在市场风险。项目地相对大都市属物业相对陌生区域，其开发具有市场风险。

针对以上风险提出如下对策建议。

① 建立节点与组团式的开发模式，将地块相对向主要节点集中，在节点范围内，由分散地块构成开发组团，建立之间的联系，逐级开发。

② 因地制宜，开发与地貌景观相一致的物业类型，发挥地貌优势，宜精不宜泛，开发精品项目。

③ 控制拿地成本，建立项目成本优势。

④ 增加地块勘测成本，增加基础设施投入，改善用地条件，增加环境景观，开发特色项目。

⑤ 增强旅游开发的带动效应，提高项目的市场成熟度，逐步建立景区销售物业的市场基础。

（3）环境保护与资源开发的风险

① 水位提升，古镇搬迁。电站的修建与运行，水位的提升，一方面增加了景区的人文资源与可进入性，另一方面却在很大程度改变了景区的资源形态，纤道的消失，水流的平缓，古镇新貌都将面临资源吸引力下降的风险。

② 地方发展，污染项目。发展是硬道理，地方在大力发展旅游项目的同时，污染性项目有可能进入景区影响范围，带来环境风险。

③ 两岸风貌。两岸的经济发展带来原生态风貌改变的风险。

针对以上风险提出如下对策建议。

① 选择性抢救有价值的资源，如地面构筑物等，有条件恢复部分有价值的人文景观，如纤道等，与政府统一协商增加对资源保护的投入，如古镇的保护。

② 根据资源环境的变化，设计创新旅游产品，开发适合新资源条件的旅游项目，如游船、水上项目等。

③ 增进与地方政府的沟通与协商，严格控制景区影响范围的污染项目，尤其是对环境具有重大影响的项目，同时通过有效控制可开发地块及开发节奏限制不利项目进入。

④ 通过政府等方面影响两岸风貌的变化，建立统一协调的发展体制。

第三节
旅游度假区营销推广

与普通住宅项目或商业地产项目不同的是，旅游度假区营销推广周期长，并且涉及旅游项目推广与房地产项目推广，因此，要做好各阶段的营销规划，注重不同类型项目营销的相互结合、相互促进，并可以借助政府、旅行社等外部资源进行宣传推广。本节结合具体的案例对旅游度假区的总体营销策略、招商计划、具体营销策略等内容进行阐述。

一、总体营销策略与招商计划

1. 总体营销策略

旅游度假区总体营销策略主要包括总体营销思路以及阶段性营销规划，是指从整体层面上对如何有效地宣传本项目而进行的营销策略选择、营销阶段划分以及对各阶段的重点营销项目、营销范围和营销策略等进行说明。

以下为某旅游度假区的总体营销策略。

（1）总体营销思路

① 旅游营销策略和房地产营销策略互动结合，并在不同开发阶段有所偏重。

② 文化营销与渗透化营销策略结合，将项目承载的中国传统文化与理学文化渗透进目标客户群的日常生活中，特别是休闲生活的各个层面。

③ 充分融合项目涉及的多种产业的营销特征，形成多元化的产业联动营销。

④ 项目具有较多的创新性产品和产品概念，应将差异化营销作为贯穿项目整个营销过程中的重要策略。

⑤ 项目的高端定位辅以具有区域代表性的高品质度假和住宅产品，具有辐射全国相关市场的条件，特别是住宅项目的销售。因此，在不同的营销阶段应逐步扩大营销范围，由中原城市群区域向全国辐射。

（2）营销策略组合

① 品牌营销策略。项目的品牌营销策略是贯穿整个营销过程的核心策略之一，其中包括强化核心品牌、运用多品牌辅助，同时将品牌进行横向延伸。

② 差异化营销策略。项目涉及旅游、休闲、房地产、医疗、康复、运动等多个产业，多层次的产品创新为项目在全程采用差异化营销策略提供了可能，应在每个营销阶段针对不同的产业重心灵活运用，形成每个阶段、面对每个市场都有不同的营销亮点。

③ 体验营销策略。主要适用于房地产项目的营销过程，其载体是具有临时酒店住宿和长期度假居住双重功能的别墅式酒店（商务度假住宅）。营销过程强调在游客住宿的过程中全程跟进和渗透房地产营销方法，让第一期就开始开发的别墅式酒店成为国内少有的体验性样板房。

④ 文化营销策略。项目承载了大量的文化内涵，特别是中国五千年传承和积淀下来的理学文化。文化营销策略分为两个层面：其一是外向型，主要运用于项目对外的主动营销诉求，将项目蕴含的文化内涵和打造的文化体验对外传播；其二是内向性，主要通过对高端人群生活过程中的文化要素分析，并通过传媒和营销活动将其拉进项目，使目标消费人群能在项目中找到自身意识的对应。

⑤ 渗透式营销策略。为贯穿于项目全程中的微观战术策略，主要通过营销的终端环节，通过各种小型的客户服务活动将项目的开发理念、产品品质、品牌等营销要素渗透进目标客户的日常生活中。

⑥ 产业互动营销策略。将项目中涉及的旅游、休闲、房地产、康复、运动等多个产业进行分析，根据项目的产品结构，提炼出适合不同产业的营销要素。在不同阶段，针对不同产业的高端消费人群开展营销，以较小的投入达到精确的诉求目标。

（3）阶段性营销规划

阶段一：蓄势

推出创新——带出文化内涵——以点带面。与项目开工建设同步进行，为全案营销的前夜，以具有全国性创新地位的"中国理学文化体验"为营销主诉求点，主要运用预热和造势策略。营销范围主要集中于中原城市群地区的消费群体。本阶段可采用以下营销策略。

① 传播策略：软新闻炒作、公关活动炒作、相关讨论等蓄积声势。

② 广告策略：适度发布硬性广告，发布讨论、支持、协助等公关活动的软广告。

③ 媒体策略：报媒软新闻、高端时尚类杂志（含DM杂志）广告和软文。

④ 渠道策略：直接营销渠道为主，旅游休闲产业渠道为主，辅以网络营销渠道。

阶段二：聚焦

聚焦滨湖休闲游乐——推出多种滨湖型理学文化游乐方式——度假游乐板块升起。营销范围主要集中于中原城市群、河南省周边与京津地区的消费群体。本阶段可采用以下营销策略。

① 传播策略：旅游休闲行业的硬广结合软新闻炒作，事件营销，相关主题研讨会，论坛。

② 广告策略：较大规模硬性广告。

③ 媒体策略：报媒广告/软新闻，休闲和传统养生主题的项目专题节目、时尚类杂志专栏。

④ 渠道策略：直接营销渠道为主，旅游休闲产业渠道为主，辅以网络营销渠道。

阶段三：借势

强推理学文化与温泉休闲——催化房产热销，形成浓厚的文化度假养生氛围。本阶段可采用以下营销策略。

① 传播策略：加强直接营销渠道的全方位包装；硬性广告为主，软性广告和相关炒作新闻继续大规模覆盖；通过组织和参与相关行业活动，借其销售网络和主题内涵之力，将其销售渠道和终端变成项目的推广渠道和终端。

② 广告策略：强调文化度假休闲养生核心价值；充分借助营销合作企业自身的广告行为，分散广告预算，切入每个相关行业的广告传播空间；以感性诉求为主，突出强调休闲品质及项目尊贵感。

③ 媒体策略：针对本阶段广告目的，行业性传播媒体为主，大众传播媒体为辅。

阶段媒体投放比例：报媒广告占15%；户外广告占30%；其他广告占55%。

阶段四：得势

强推房产——巩固项目形象——引出高端社区生活方式。从本阶段开始，项目的营销范围均以中原城市群、省内重点城市及京津地区和深沪等地区的中高收入群体为主，同时兼顾国内其他区域，特别是经济发达地区。本阶段可采用以下营销策略。

① 传播策略：软性广告与硬性广告等比例刊出；特别注重对高端老年受众群体的传播。

② 广告策略：结合愈加紧密的行业合作，以各行业（企业）不断推出的广告营销行为为载体，形成不间断的项目主题活动高潮和推广节点。以更具文化品位和度假品质的价值观为核心，更加强调项目高端产品的消费价值和体验价值，强调产品的人性化和先进程度。感性诉求结合理性诉求，理性诉求比例逐渐增加，强调项目高端产品的品质。

③ 渠道策略：间接营销渠道为主，直接营销渠道继续强化旅游休闲产业的营销渠道。加强网络营销渠道。

阶段五：成势

品牌诉求——展示项目品位内涵和品牌——塑造高端形象。品牌诉求和文化营销成为该阶段的重心。核心在于深入挖掘项目赢利空间，树立项目高品质形象，促使住宅销售工作进入高潮；并为下一步成为稀缺性高端社区奠定基础。本阶段可采用以下营销策略。

①传播策略：强调项目的整体性；高端客户渠道传播、国际范围推广；硬性广告为主，软性推广辅助；理性推广为主，逐步增加感性推广的强度。

②广告策略：强化项目的品牌价值和品牌形象。项目所代表的各种主题广告营造品牌推广氛围。

阶段六：定势

品牌强化——强调独特服务内涵和品质——强调稀缺性。本阶段可采用以下营销策略。

①传播和广告策略：全国范围传播策略；理性推广为主；强调物业的高品质和高价值。

②媒体策略：特别注意媒体形象和品质及影响范围；国内专业和高端媒体。

③渠道策略：国内相关行业高端市场促销方法结合；充分利用合作行业和企业的营销平台。

阶段七：续势

延伸主题——全面展示区域和企业价值——提升和扩展项目。物业开发与销售已基本告罄，社区成为区域性代表作品；促进尾盘销售，进一步强化项目产品的稀缺性；项目品牌与企业品牌的顺利融合与促进；战略合作态势的稳定与延伸。本阶段可采取以下营销策略。

①传播和广告策略：全国范围传播策略；理性推广为主；强调物业的高品质和高价值。

②媒体策略：特别注意媒体形象和品质及影响范围；国内专业和高端媒体。

2.招商计划

招商计划的内容包括明确项目的招商对象、招商材料以及招商推广方式与推广计划等。对于旅游度假区，招商对象类型多，包括酒店管理公司、高尔夫运营管理公司、商业街区商户、俱乐部及会所运作商、各类游乐公司等。对于不同的招商对象，可以采取不同的招商条件，并给予重要招商对象在租金、租期等方面的优惠。

以下为某旅游度假区的招商计划。

（1）招商项目

①项目招商：高尔夫及别墅区、瑞士小镇会议酒店、瑞士小镇商业区、瑞士小镇别墅区、二期会议中心、郊野休闲公园。

②经营招商：瑞士小镇会议酒店、瑞士小镇商业区、二期会议中心、郊野休闲公园。

③ 设备招商：郊野休闲公园。

（2）招商顺序

作为整个度假区的五个旅游功能支撑项目，瑞士小镇、会议中心、高尔夫项目、别墅区招商郊野休闲公园应同时展开招商。

其中瑞士小镇作为旅游度假区的浓缩版和品牌打造载体，首先启动建设，因此招商必须首先展开。如果招商成功，将留出宝贵的资金和时间，建设其他内容；如在一期建设阶段前仍未成功，开发企业将自行建设。项目招商同时应开展经营招商，尤其是主力店的招商。

会议中心为社区带来稳定的中高端游客，会议及活动的经营将为招商对象带来良好收益，如招商成功，将拉动会议中心周边的别墅销售，为瑞士小镇等带来游客；如招商未果，将由开发企业在二期建设。

高尔夫项目具有景观打造功能，对全国乃至世界高端度假游客有吸引力，别墅销售模式成熟，招商应贯彻始终。如招商成功，可与瑞士小镇并行开工，不产生资金占用矛盾，并且能丰富品牌宣传内容。

别墅区因气候、环境、农庄概念等，自身已有卖点，即使前面的项目招商滞后，仍可启动销售；如瑞士小镇的一期别墅，可以以招商合作的方式建设，为开发企业节省资金，赢得时间。

郊野休闲公园招商可以滞后在二期或三期，主要延续××湖的游乐功能，为以后别墅开发控制土地。

替代方案：整个项目启动以瑞士小镇为假设前提，如果高尔夫项目招商成功，可先启动高尔夫项目及别墅区，不会打乱整个度假区首期品牌打造的部署；如高尔夫项目招商停滞，则高尔夫项目地块为预留地，先以农庄别墅概念和会议带动别墅区销售，视其销售决定用地大小，对整个度假区的打造不产生致命影响；具体操作时应据市场形势、政策松紧灵活掌握。

（3）招商运作目标

① 前期准备阶段：完成瑞士小镇一期的会议产权酒店项目招商和经营招商；小镇商铺招商；房地产项目招商；游乐区招商。

② 一期工程建设阶段：完成高尔夫项目、会议中心的招商。

（4）人力资源

设立招商部，挑选专业的招商人员（要求有高超的谈判沟通技能、丰富的关系渠道），设立专门的招商办公室，制定招商任务书。

（5）招商对象

主要为五类：高尔夫球商、酒店投资商、游乐提供商、会议运作商、瑞士小镇投资商。

① 高尔夫项目：招商对象为境内外专业的高尔夫运营管理公司、境内外高尔夫投资商、实力雄厚的房地产公司。

② 会议酒店：招商对象为境内外投资公司、境内外专业的酒店管理公司、旅游集团。

③ 瑞士小镇：招商对象为欧洲及瑞士的品牌主力店，瑞士的咖啡、巧克力、手表、军刀等厂家合作；在瑞士小镇开设专卖店。

④ 会议中心：招商对象为会议运作高手、境内外著名俱乐部及会所。

⑤ 郊野休闲公园：招商对象为各类品牌游乐公司、游乐设备租赁公司或生产厂商。

（6）招商条件

针对不同的招商对象有不同的招商条件。

① 对整个度假区打造的关键性招商对象，必须给予足够的优惠条件，如土地价格、租金、地点、合作条件、年限等的优惠。

② 瑞士小镇中主力店招商，因为他们提升了整个商业街区的品位，为向后期入驻的商户提高租金奠定基础。

③ 论坛和俱乐部运作商，由于其将为度假区的别墅销售带来稳定的高端客户群，可以在场地提供、土地、租金等方面给予优惠。

④ 与高尔夫球商可以采用合作形式，成立子公司建设高尔夫球场和销售高尔夫别墅。

所有的规划设计可以和投资商磋商修订，但投资商必须按一致通过的规划要求建设。

（7）招商材料

① 将策划、规划的核心内容，结合瑞士风格的图片材料等，制作成约15min的多媒体动画，刻成光盘，可向投资商全方位具象展示建成的旅游度假区的景象。

② 旅游度假区招商网站，推出所有招商材料，招商动态等。

③ 制作高规格规划，具有视觉冲击力、丰富想象空间，可行性到位，使其成为政府公关、招商、营销、融资的核心依托。

a.整体招商材料。区域总体规划、可行性研究报告、基础设施规划设计、其他别墅区的规划及建筑设计、多媒体光盘、媒体招商广告、宣传册、沙盘、整体招商挂图、全套招商书。

b.会议中心招商材料。二期会议中心控制性规划、商业计划书、招商书。

c. 高尔夫项目招商材料。高尔夫球场规划设计、招商书、商业计划书。

d. 瑞士小镇招商材料。一期小镇修建性规划及部分单体设计、会议产权酒店修建性规划与酒店设计、瑞士小镇别墅区建筑设计、招商书、商业计划书。

e. 郊野休闲公园招商材料。郊野休闲公园规划设计、招商书、商业计划书。

④ 要求要点

a. 规划及图件：发布在网站、平面、电视等媒体，制作整套招商挂图、沙盘等。

b. 商业计划书：针对投资商，尤其对投资高尔夫项目、会议中心、别墅区等大型项目，重点在投资分析，内容较为详细，为确有意向投资者提供。

c. 子项目招商书：整合项目资源条件、投资要求、收益等，内容较为概括简略，为普通发布材料，成本不高。

d. 可行性研究报告：针对政府报批项目，用于整个旅游社区、高尔夫项目、会议中心等项目的报批。

e. 优惠政策：适用不同类型投资者的投资环境及相关政策。

f. 合作意向：展示开发商的灵活态度。

g. 基本法律文件：界定开发商、投资商、政府、居民等各方的责任和权利。

（8）招商渠道

招商融资部一成立即开始搜集五类投资商名单，定向撒网发送资料，重点联络实力投资商。

① 建立招商渠道档案

a. 旅游、房地产、文化等方面的报纸杂志、网络等媒体。

b. 政府招商部门。

c. 企业招商部门。

d. 专业招商机构。

e. 关联企业及关联人。

f. 专题招商会。

g. 区域招商会。

h. 相关行业活动会议等。

② 联络沟通

a. 联络政府招商部门获取意向投资名单。

b. 联络有实力的潜在投资商。

c. 联络有合作空间的战略投资商。

d. 联络专业的招商中介机构。

e. 联络公司关联企业及关联人。

f. 举办旅游度假区专题招商会。

g. 参加各类招商会。

（9）招商宣传

① 招商活动

a. 借机与相关机构、企业和名人建立直接往来。

b. 与政府、中国驻瑞使馆、瑞士驻华使馆合作，举办瑞士文化月巡回展活动。

c. 组织瑞士旅游文化商搞一次大型文化月活动，地址可充分利用××湖，从而形成××湖瑞士文化的基础。

充分利用上述类型的活动，重点联络五类投资商，向他们推介本度假区。

② 招商大会

a. 将旅游度假社区的总体规划评审会与新闻发布会结合。

b. 将招商考察与旅游度假社区招商会结合。

（10）招商推广计划

① 建立专门的旅游社区招商网站；与其他招商网实现链接，网络邮件营销。

② 印制一定数量的招商手册，制定发放计划。

③ 针对目标招商群，制定最佳媒体宣传组合，选择针对性媒体投放各类招商广告。

④ 结合公关业务，开展招商运作。

（11）招商谈判与合作

① 设计多种合作模式，测算公司的投资回报，综合考虑时间成本和资金成本。

② 通过谈判协商，可对规划设计进行修改，使得其更符合操作实际。

（12）经费预算

规划设计费400万元，材料制作费80万元（多媒体光盘制作费50万元），推广发布费用50万元，差旅等费用50万元，总计约580万元。

二、具体营销策略

1. 活动策略

为提高旅游度假区的知名度和美誉度，可以结合适合项目的特色资源，开展相关活动，比如：高尔夫球锦标赛、长跑大赛、自行车拉力赛等比赛活动；旅游文化周、美食节、渔家民俗节等节目庆典活动；项目奠基庆典、开盘等节点活动；旅游投资洽谈会、旅行社恳谈会等论坛、研讨会等。

以下为某旅游度假区的活动策略。

（1）"湿地万花筒"系列主题活动

以世界湿地日主题为主线，借以提高公众对湿地生态保护的关注。组织一系列的主题活动，形式包括摄影、绘画、生态导赏、寻宝游戏、讲故事比赛、观鸟比赛等。

（2）万人相亲大会

玫瑰象征着爱情，以玫瑰作证，与各大网络媒体、相亲网站合作，打造内容强大的相亲大会。由"月下老人""鹊桥仙子"贯穿本次万人相亲大会各个场所，他们将抛撒100个姻缘玫瑰和主持相关活动，有在大型湿地公园寻找心目中的"白马王子"、心中的那位"天使"，有诗情画意、激情浪漫的篝火派对，随后还将有携手并进、激情澎湃的漂流等活动。

（3）渔家乐百味民俗节

展示民俗文化风情，彰显××湖魅力。以"守望民俗、相约××湖"为主题的渔家乐百味民俗节展现传统民俗文化与非物质文化遗产独特神韵的文化盛宴。

① 渔家民俗表演。通过当地民俗表演项目在景区中的演出，展现当地文化历史底蕴。

地点：渔村民俗园。

② 放飞风筝，放飞春天活动。与周边的学校合作，组织部分学生到景区亲近大自然。放飞风筝，既丰富了学生的课外生活，同时增加了景区的观光项目。

地点：百花香草园。

③ 美食节活动。由专业美食活动人员，组织国内知名美食经营者和本地小吃店在活动期间现场制作，满足游客的旅游需求。

地点：十里渔宴美食街。

（4）首届华夏文化节

沐浴着华夏文化的春风雨露，感受着文化的美好亲和，多场精彩的文艺演出将给广大市民和游客带来一场视觉盛宴，为首届中华华夏文化节增添喜悦气氛。活动演出以展现华夏文化和具有当地特色文化为主线。

文化节期间，开展"十大传说故事"征集，"华夏情"诗词、书法、美术、摄影作品大赛，评选××县"十佳孝子""十佳好邻里""十佳模范夫妻"等活动，让更多的市民参与其中。

（5）世界顶级高尔夫球俱乐部明星邀请赛

邀请顶级高尔夫俱乐部明星会员进行比赛，这样的赛事能够聚集高尔夫球明星及喜爱高尔夫球赛的明星。一项顶级赛事能够推动主题酒店、地产、文化餐饮等支撑项目。

（6）中医药博览会

主办方根据不同人群的健康需求，设置"银发颐养区""白领保健区""青少年健康成长区"及中药鉴识制作体验区、名医故里文化展示区等，分别开展中医药宣传咨询、保健养生体验等系列活动。

（7）国学大讲堂

每逢周末，国学大讲堂将免费向社会公众开放，市民只要领取免费票即可前来享用这一"文化盛宴"。一方面为市民提供一个学习传统文化知识、修身养德的机会；另一方面希望以此为契机，弘扬国学文化，让更多的人了解国学、喜爱国学。

（8）理学状元大考堂

在理学游乐园中，举办擂台形式的知识比赛，报名即可参与，比赛内容围绕理学、儒学等文化知识，一方面发扬了中国古代理学精神，另一方面寓教于乐的内容使活动更加有趣味性。

（9）理韵文化艺术节

以理学六艺为艺术节重要内容，通过演出的形式更好地宣传古代六艺的内涵，民众参与，民众欣赏，让民众饱饮艺术甘醇，给民众一个表演的舞台。

（10）春秋国际婚博会

婚博会可汇集全国名牌，展示及订购涉及婚庆多种商品，包括的内容有：婚礼用品、婚纱礼服、婚纱摄影、新娘彩妆造型、婚礼服务、新婚房地产、新婚家居、新婚家电、新婚汽车。婚博会分为一年两届，春季婚博会和秋季婚博会，目的是让更多新人在不同时间段对于婚庆用品有所了解，并满足其需求。

（11）中国饮食礼仪文化节

中国是世界四大美食国家之一，从古至今，中国的美食都盛传于世。如此盛传的美食也少不了美食礼仪，饮食文化节就带领你去了解中国的饮食礼仪。

活动内容包括：展示各个朝代的美食，与游人互动参与了解各个朝代的礼仪文化，各种仿古餐具的销售，及演艺活动。

2.媒体广告投放策略

旅游度假区可以采用户外广告，报纸杂志，电视电台，房产网站、微博、论坛等网络平台，手机短信等媒体广告方式来宣传旅游度假区的发展前景、投资价值以及相关活动举办的信息等。

以下为某旅游度假区的媒体广告投放策略。

（1）5月媒体投放计划

表6-15为5月媒体投放计划。

表6-15　5月媒体投放计划

媒体类型	媒体选择	诉求要点	主题
报纸	××日报、××晚报、××晨报、××商报、××文化报	奠基庆典活动宣传	中国首个500亿文化旅游项目奠基，5月25日揭幕强大阵容
户外	单立柱	奠基庆典活动宣传	××国际度假区5月25日盛大奠基
网络	搜房网、搜狐焦点、新浪乐居、新浪/腾讯微博、新浪网、腾讯网、凤凰网	奠基庆典活动宣传	中国首个500亿文化旅游项目奠基，5月25日揭幕强大阵容
短信	短信群发	奠基庆典活动宣传	中国首个500亿文化旅游项目奠基，5月25日揭幕强大阵容
其他媒体	电台、电视台	奠基庆典活动宣传	中国首个500亿文化旅游项目奠基，5月25日揭幕强大阵容

主题备选：

① ××省重点项目盛大奠基仪式牵动各方关注，各级省市领导莅临××国际度假区现场。

② ××国际度假区5月25日盛大奠基，世界湾区文化旅游新主角重磅登场。

（2）6月第一周媒体投放计划

表6-16为6月第一周媒体投放计划。

表6-16　6月第一周媒体投放计划

媒体类型	媒体选择	诉求要点	主题
报纸	××晚报、××日报、××晨报、××商报	全球进入休闲度假时代，宣传文化旅游度假概念，旅游地产价值引导	进入大休闲时代，顺势而为，中国文化旅游产业亟待领军者
户外	单立柱、候车厅等	项目定位语	世界海岸明珠，全球度假圣地
网络	搜房网、搜狐焦点、新浪乐居、新浪/腾讯微博、新浪网、腾讯网、凤凰网	全球进入休闲度假时代，宣传文化旅游度假概念，旅游地产价值引导	进入大休闲时代，顺势而为，中国文化旅游产业亟待领军者
短信	短信群发	全球进入休闲度假时代，宣传文化旅游度假概念，旅游地产价值引导	全球进入休闲度假时代，文化旅游产业前景看好

(3) 6月第二周媒体投放计划

表6-17为6月第二周媒体投放计划。

表6-17　6月第二周媒体投放计划

媒体类型	媒体选择	诉求要点	主题
报纸	××晚报、××日报、××晨报、××商报	国家政策利好，地产迎来白金十年，旅游地产发展前景被看好	国家十二五规划解读，中国旅游地产迎来白金十年
户外	单立柱、候车厅等	项目定位语	世界海岸明珠，全球度假胜地
网络	搜房网、搜狐焦点、新浪乐居、新浪/腾讯微博、新浪网、腾讯网、凤凰网	国家政策利好，地产迎来白金十年，旅游地产发展前景被看好	国家十二五规划解读，中国旅游地产迎来白金十年
短信	短信群发	国家政策利好，地产迎来白金十年，旅游地产发展前景被看好	国家十二五规划大力扶持文化旅游产业，中国旅游地产迎来白金十年，××公司进军××度假区

(4) 6月第三周媒体投放计划

表6-18为6月第三周媒体投放计划。

表6-18　6月第三周媒体投放计划

媒体类型	媒体选择	诉求要点	主题
报纸	××晚报、××日报、××晨报、××商报	价值对比，类比国际其他旅游名城，展望××旅游度假区发展前景，区域巨变，带来房产的巨大升值	9.5万平方公里滨海版图，改写中国休闲度假新格局
	××晚报、××日报	形象稿，线上亮相	500亿巨变××旅游度假区，让生活更多想象
户外	单立柱、候车厅等	展示中心即将开放	展示中心6月30日璀璨开放
网络	搜房网、搜狐焦点、新浪乐居、新浪/腾讯微博、新浪网、腾讯网、凤凰网	价值对比，类比国际其他旅游名城，展望××旅游度假区发展前景，区域巨变，带来房产的巨大升值	9.5万平方千米滨海版图，改写中国休闲度假新格局
短信	短信群发	展望××旅游度假区发展前景，区域巨变，带来房产的巨大升值	500亿大型文旅项目落户××旅游度假区，改写区域价值，9.5万平方千米滨海版图，改写中国休闲度假新格局
	短信群发	旅游地产投资热潮兴起	一线城市掀起投资新浪潮，旅游度假产品受追捧

（5）6月第四周媒体投放计划

表6-19为6月第四周媒体投放计划。

表6-19　6月第四周媒体投放计划

媒体类型	媒体选择	诉求要点	主题
报纸	××日报、××晚报、××晨报、××商报、××文化报	旗舰投资团队进驻，带动××旅游度假区新兴产业发展	中国顶级投资旗舰团队，升级中国旅游业世界话语权
	××晚报、××日报	项目形象+展示中心即将开放信息	展示中心6月30日璀璨开放
户外	单立柱、候车厅等	展示中心开放信息	展示中心6月30日璀璨开放
网络	搜房网、搜狐焦点、新浪乐居、新浪/腾讯微博、新浪网、腾讯网、凤凰网	展示中心开放信息	展示中心6月30日璀璨开放
短信	短信群发	展示中心开放信息	××国际度假区展示中心6月30日耀世开放，新、奇、汇不同以往，堪称××市首家，诚邀品鉴
	短信群发	旗舰投资团队进驻，带动××旅游度假区新兴产业发展	××集团、××公司等实力企业强强联合，恢宏手笔巨变××旅游度假区，区域关注指数直线上升

（6）7月第一周媒体投放计划

表6-20为7月第一周媒体投放计划。

表6-20　7月第一周媒体投放计划

媒体类型	媒体选择	诉求要点	主题
报纸	××晚报、××日报、××晨报、××商报	解析主题公园（室内、室外）	30ha室内文化游乐中心入驻××旅游度假区，改写北中国度假格局
户外	单立柱	项目卖点	全时度假欢迎到××市
网络	搜房网、搜狐焦点、新浪乐居、新浪/腾讯微博、新浪网、腾讯网、凤凰网	解析主题公园（室内、室外）	30ha室内文化游乐中心入驻××旅游度假区，改写北中国度假格局
短信	短信群发	解析主题公园（室内、室外）	500亿巨资打造超大型文旅项目，全时度假欢迎到××市
	短信群发	会员入会信息	××会入会，会员召集中

（7）7月第二周媒体投放计划

表6-21为7月第二周媒体投放计划。

表6-21　7月第二周媒体投放计划

媒体类型	媒体选择	诉求要点	主题
报纸	××晚报、××日报、××晨报、××商报等	解析秀场	40亿投资巨型舞台秀，刷新世界最高演艺水平
户外	单立柱	延续上周	延续上周
网络	搜房网、搜狐焦点、新浪乐居、新浪微博	解析秀场	40亿投资巨型舞台秀，刷新世界最高演艺水平
短信	短信群发	解析秀场	××国际度假区40亿投资巨型舞台秀，刷新世界最高演艺水平
	短信群发	解析秀场	××国际度假区40亿投资巨型舞台秀，刷新世界最高演艺水平

（8）7月第三周媒体投放计划

表6-22为7月第三周媒体投放计划。

表6-22　7月第三周媒体投放计划

媒体类型	媒体选择	诉求要点	主题
报纸	××晚报、××日报、××晨报、××商报等	电影公园	全球罕见室内环球影城，呈献360度多维光影盛宴
	××晚报、××日报	形象+7月20日论坛	全时度假欢迎到××市
户外	单立柱	开盘信息	××国际度假区7.27耀世开盘
网络	搜房网、搜狐焦点、新浪乐居、新浪/腾讯微博、新浪网、腾讯网、凤凰网	电影公园	全球罕见室内环球影城，呈献360度多维光影盛宴
短信	短信群发	项目卖点信息	全球罕见室内环球影城，呈献360度多维光影盛宴
	短信群发	旅游论坛信息预告	全球罕见室内环球影城，呈献360度多维光影盛宴

（9）7月第四周媒体投放计划

表6-23为7月第四周媒体投放计划。

表6-23 7月第四周媒体投放计划

媒体类型	媒体选择	诉求要点	主题
报纸	××晚报、××日报、××晨报、××商报等	开盘热销	××国际度假区逆市热销，开盘当日即清盘
	××晚报、××日报	即将开盘	7.27耀世开盘
户外	单立柱	延续上周	延续上周
网络	搜房网、搜狐焦点、新浪乐居、新浪/腾讯微博、新浪网、腾讯网、凤凰网	开盘热销	××国际度假区逆市热销，开盘当日即清盘
短信	短信群发	开盘信息传递	××国际度假区7.27开盘在即
	短信群发	开盘信息传递	××国际度假区明日开盘

3.渠道策略

为了拓展更多的客户群体，旅游度假区可以借助旅行社、相关行业协会、商会组织、区域教育系统、银行、公司内部资源等渠道进行拓展，以提高旅游度假区的关注度。

以下为某旅游度假区的渠道策略。

（1）本旅游度假区旅游管理机构拓展（合作）方式

① 将项目展示中心作为本旅游度假区旅游景点之一。

② 印制载有项目信息的本旅游度假区旅游地图。

③ 在本旅游度假区重点旅游景点摆放项目资料。

④ 在各旅游服务咨询点放置项目宣传资料。

⑤ 取得本旅游度假区旅行社资源。

（2）各旅行社拓展（合作）方式

① 带客户来展示中心进行项目体验。

② 将项目信息植入本旅游度假区导游说辞中。

③ 制定奖励机制（带客、成交）。

④ 将项目资料放置旅游大巴上发放。

（3）各景点拓展（合作）方式

① 在旅游景点公共区域摆放项目资料。

② 取得其客户资源进行短信、直邮发送。

表6-24为公司各项目可用资源拓展（合作）方式。

表6-24　公司各项目可用资源拓展（合作）方式

公司可用资源	启动时间	拓展（合作）方式
公司影院	2018.6.1～2018.6.30	贴片广告
公司酒店		① 公共区域资料摆放 ② 项目资料进入客房
公司大厦		① 公共区域资料摆放 ② 业户直投资料、短信群发 ③ 项目资料进入各写字间
公司合作供方库资源		① 短信覆盖、资料直投 ② 针对性的供方库客户拓展
合作方渠道资源（项目投资团队）		① 官网资源项目信息发布 ② 合作方渠道资源共享 ③ 合作方员工短信群发 ④ 其他可能合作方式
公司所有客户资料		对客户进行短信群发

（4）各协会、商会拓展（合作）方式

表6-25为各协会、商会拓展（合作）方式。

表6-25　各协会、商会拓展（合作）方式

协会、商会组织	启动时间	拓展（合作）方式
××市企业家协会	2018.6.12～2018.7.5	① 团体客户购买 ② 会员资料直投、短信发送 ③ 小型产品说明会 ④ 利用其网络、会刊进行项目信息植入 ⑤ 其他有针对性的小型活动 ⑥ 重点会员资源拓展
××市开发区个体、企业家协会		
××市××区工商业联合会		
××区个体协会		
××市温州商会		
××市徽商协会		
××市浙江商会		
收藏协会		
旅游协会		
股票投资群		
高尔夫协会		
各类同乡会		
游艇俱乐部		
各类车友会		

（5）合作企业拓展（合作）方式

① 企业员工团体购买。

② 员工、高管资料直投、短信发送。

③ 小型产品说明会。

④ 公共区域项目形象展示、资料摆放。

⑤ 利用其网络渠道进行项目信息渗透。

⑥ 其他有针对性的小型活动。

（6）各大银行拓展（合作）方式

① 银行员工团体购买。

② 银行员工、大客户资料直投、短信发送。

③ 银行内部网络、刊物信息植入。

④ 小型产品说明会（借助其投资理财说明会）。

⑤ 公共区域项目形象展示、资料摆放。

⑥ 其他有针对性的小型活动。

⑦ 重点客户资源拓展。

（7）××旅游度假区各教育系统拓展（合作）方式

表6-26为本旅游度假区各教育系统拓展（合作）方式。

表6-26 本旅游度假区各教育系统拓展（合作）方式

教育系统	启动时间	拓展（合作）方式
××国际学校	2018.5.22	① 团体客户购买 ② 教师、员工、学生家长资料直投、短信发送 ③ 小型产品说明会 ④ 公共区域项目形象展示、资料摆放
××民族学院	2018.5.22	
××美术学院	2018.5.23	
××音乐学院	2018.5.23	
美国学校	2018.5.24	

（8）公司内部资源拓展（合作）方式

6月30日项目展示中心正式开放，充分利用公司现有资源，对全部人员进行短信覆盖、直投资料，将这一重大节点信息充分扩散，提高项目关注度，为正式蓄客做足准备。

（9）公司其他项目老业主拓展方式

表6-27为公司其他项目老业主拓展方式。

表6-27 公司其他项目老业主拓展方式

老业主	启动时间	拓展方式
×春花园	2018.5.25～2018.5.30	① 邀请业主加入会员，享受老业主优惠政策 ② 项目资料直投、短信发送 ③ 针对性的产品说明会 ④ 公共区域项目形象展示、资料摆放 ⑤ 其他有针对性的小型活动
××景台		
×海人家		
××明珠		
××华府		
××公馆		

（10）外展场选择、建设拓展（合作）方式

① 进驻当地公司商业地产售楼处。

② 具备项目形象展示、接待功能。

③ 对当地商业地产项目置业顾问进行培训，按公司制度要求完成资源共享。

④ 对当地重点渠道资源进行收集并实施客户拓展。

（11）其他渠道拓展方式

表6-28为其他渠道拓展方式。

表6-28　其他渠道拓展方式

招商拓展类	拓展方式
培训中心	在进行渠道拓展的同时，与渠道客户展开多层次的合作模式。根据其需求可在项目地为企业定制相关功能场所
拓展基地	
各类会所	
疗养机构	